MIKE DURLACHER | MELANIE KUNZE

Eisenacher
Geheimnisse

SPANNENDES RUND UM DIE WARTBURG
MIT KENNERN DER STADTGESCHICHTE

W0041314

Durlacher, Mike; Kunze, Melanie
Eisenacher Geheimnisse – Spannendes rund um die Wartburg – mit
Kennern der Stadtgeschichte

THÜRINGISCHE LANDESZEITUNG in Kooperation mit
Bast Medien GmbH, St.-Ulrich-Str. 11, 88662 Überlingen
(verantwortlich)
1. Auflage 2019
ISBN: 978-3-946581-64-2

Copyright: Bast Medien GmbH
Ressortleitung: Eva-Maria Bast
Lektorat: Lena Bast
Covergestaltung: Jarina Binnig, Cornelia Müller, Melanie Kunze
Layout: Homebase – Kommunikation & Design, Jarina Binnig
Karte: Maps4News & HERE Karte, Nina Helmke
Satz: Melanie Kunze
Druck: Mohn Media Mohndruck GmbH, Gütersloh

Ein Titel der preisgekrönten Reihe *Geheimnisse der Heimat*

Inhalt

Vorwort

*E*isenach hat das gewisse Etwas: Die kleine Stadt ist weltberühmt – natürlich wegen Martin Luther und der Wartburg, für manche aber auch wegen des Wartburgs auf vier Rädern. Andere wissen um das Wirken der Elisabeth von Thüringen in Eisenach oder um den Geburtsort von Johann Sebastian Bach. Einige haben schon mal das Burschenschaftsdenkmal besucht oder sich durch die Drachenschlucht gezwängt. Was soll es noch für Geheimnisse über diese Stadt geben, die nicht schon irgendwo veröffentlicht, beschrieben oder weitererzählt worden sind?

Trotzdem haben sich Melanie Kunze und Mike Durlacher auf Spurensuche begeben. Was sie fanden, tragen sie in fünfzig Geschichten zusammen. Sie ermöglichen Einheimischen damit einen ganz neuen, unverstellten Blick auf ihre Heimatstadt und bieten Auswärtigen die Möglichkeit, Eisenach auf besondere Weise zu erkunden. Historisch belegt, aber nicht mit Fakten überladen entschlüsseln die Autoren ein paar Eisenacher Geheimnisse.

Zum Beispiel geht es um ein schwarzes Kreuz im Pflaster vor der Georgenkirche. Was man leicht übersehen kann, markiert einen grausigen Ort in der Eisenacher Stadtgeschichte. Genau dort wurden im Jahr 1525, als der Bauernkrieg tobte, einige Anführer der Aufständischen hingerichtet. Sie hatten versucht, die Stadt mit Gewalt einzunehmen und mussten dafür mit ihrem Leben bezahlen. Was der Scharfrichter seinerzeit kostete, auch das steht in Mike Durlachers Episode „Schwarzes Kreuz – Wo einst Köpfe rollten".

Traurig ist die Geschichte, die sich hinter dem Epitaph in der Georgenkirche verbirgt: Die Grabplatte ist Marie-Louise-Philippine de Bonniéres de Guines gewidmet. Wer des Französischen nicht mächtig ist, kann die Inschrift auch auf Deutsch lesen. Die riesigen, wandfüllenden Sandsteintafeln gewähren einen Einblick in das Leben der adligen Dame, die es 1789 nach Eisenach verschlug, als in Paris die Französische Revolution ausbrach und sie Schutz vor Verfolgung suchte. Im Thüringischen fand sie eine zweite Heimat und einen Zugang zu den Herzen der Eisenacher, indem sie mit ihrem Vermögen viel Gutes tat und beispielsweise den Armen half. Auf der Grabplatte wurde sogar der letzte Wille der Dame festgehalten, der noch Jahre nachwirken sollte. Ob er immer noch Gültigkeit hat, steht in dem Kapitel „Epitaph – Harfenistin im Exil".

Das vorliegende Buch nähert sich Eisenach auf eine sympathische Art – durch kurze Geschichten, Anekdoten, geschichtliche Abrisse. Dabei streifen die Autoren viele Epochen, die Eisenach zu dem gemacht haben, was es heute ist: eine quicklebendige Stadt voller Erinnerungen. Ob sie dabei alle Geheimnisse lüften, die ihnen aufgefallen sind, oder ob sie der Stadt auch noch einen Rest von Unerklärlichkeit lassen, das müssen die Leserinnen und Leser dieses Buches selbst herausfinden.

Was Eisenach so lebenswert macht, muss sowieso jeder für sich ergründen – am besten mit offenen Augen durch die Stadt gehend oder mit dem Buch in der Hand auf einer Bank sitzend.

Ich wünsche Ihnen viel Freude beim Lesen!

Nils R. Kawig
Chefredakteur der Thüringischen Landeszeitung

Die Autoren

 **Mike Durlacher**, Jahrgang 1989, ist in Riela-singen-Worblingen aufgewachsen, er hat in Konstanz British and American Studies und Geschichte studiert und ein Praktikum im Singener Stadtarchiv absolviert. Nach seinem Abschluss volontiert er seit 2016 bei „Bast Medien GmbH", schreibt und fotografiert für diverse Tageszeitungen. Er arbeitet bereits im dritten Jahr als Autor für die *Geheimnisse der Heimat*, ist in seiner Freizeit begeisterter Zeichner und Bastler und vergräbt sich gerne in historischer Fachliteratur, vor allem die Frühe Neuzeit hat es ihm angetan. Mike Durlacher lebt in Meersburg am Bodensee.

 **Melanie Kunze,** Jahrgang 1976, studierte an der Naturwissenschaftlichen Akademie Dr. Grübler in Isny Chemie bevor sie die Branche und die Region wechselte und sich dem Jour-nalismus und dem Verlagswesen widmete. Seit 2016 ist sie Büroleiterin und Projektre-dakteurin bei der Bast Medien GmbH. In Eisenach ging sie das zweite Mal auf Geheim-nissuche – weil diese Kulturstadt schon immer einen besonderen Zauber auf sie ausübte. Die vierfache Mutter lebt mit ihrer Familie in Überlingen am Bodensee.

01

Schwarzes Kreuz

Wo einst Köpfe rollten

*E*in X oder ein Kreuz, das eine Stelle markiert, ist für Menschen, die in ihrer Kindheit gern mit Schatzkarten auf Abenteuerjagd gingen, ein vertrauter Anblick. Im Gegensatz zu einem Kreuz auf der Schatzkarte markiert dieses hier allerdings keinen schönen, sondern einen grausigen Ort. Das Kreuz, bestehend aus schwarzen Pflastersteinen, misst nur etwa 50 Zentimeter, doch seine Bedeutung für die Stadt ist sehr groß. „Hier stand früher der Richtblock, auf dem die Anführer der aufständischen Bauern des sogenannten Werrahaufens hingerichtet wurden", berichtet Sandra Wichmann.

Der „Werrahaufen", benannt nach dem Fluss, der durch das Gebiet fließt, aus dem die Bauern stammten, hatte sich 1525 in der Grafschaft Henneberg, dem heutigen Südwesten Thüringens, gebildet, um gegen die Bedingungen zu revoltieren, die der Adel und der Klerus der ländlichen Bevölkerung aufzwangen. Ohnehin waren die Zeiten unruhig: Der Bauernkrieg tobte, er breitete sich 1525 über weite Teile des süddeutschen Sprachraumes aus und wurde mit größter Härte niedergeschlagen. Die *Zwölf Artikel von Memmingen* fassten die Forderungen der schwer unterdrückten Bauern zusammen. Sie verlangten unter anderem die Abschaffung des Zehnten, die Verringerung der Frondienste, die Abschaffung der Leibeigenschaft und das Jagdrecht. „Dabei beriefen sich die Bauern auf die *Bibel*. Sollten sich ihre Forderungen nachweislich nicht mit der Bibel in Einklang bringen lassen, so würden sie auf diese verzichten", erläutert die Gästeführerin.

Diese neue Form des Bezugs auf die Bibel hatte ein Mann möglich gemacht, der in Eisenach omnipräsent ist: Martin Luther (1483-1546). Er hatte auf der Wartburg, geschützt durch seinen Landesherrn, unter dem Decknamen „Junker Jörg" (siehe Geheimnis 12) das *Neue Testament* ins Deutsche übersetzt. Der Kritiker der päpstlichen Kirche stand den aufständischen Bauern eher distanziert gegenüber, zeigte trotz

Sandra Wichmann weiß, was es mit dem schwarzen Kreuz im Pflaster auf sich hat.

allem aber auch Verständnis für sie. Luther ging es bei seinen reformatorischen Bestrebungen nicht um eine Umwälzung der gesellschaftlichen Hierarchien, sondern um eine Erneuerung der Kirche. Zu den zwölf Artikeln von Memmingen äußerte er sich in einem Brief an die Fürsten wie folgt: „Sie haben zwölff artickel gestellet, unter wilchen etliche so billich und recht sind, das sie euch fur Gott und der wellt den glimpff nehmen und den Psalmen war machen, das sie verachtunge schütten über die Fürsten." Dabei kritisierte er aber, dass die Bauern nur „auff yhren nütz" aus seien und ihre Forderungen obendrein nicht sonderlich gut formuliert hätten. Dass die Bauern früher oder später aufbegehren würden, war für ihn aber ganz und gar nicht verwunderlich: „Nu ists ia nicht die lenge treglich, so zu schetzen und schinden."

Der Werrahaufen lag in kriegerischer Absicht am 27. April 1525 vor der Stadt Schmalkalden, um diese auf seine Seite zu zwingen – erfolgreich. Und dann zogen die Männer auch gen Eisenach. Ein Gefangener sagte später aus: „Georg Matern son zu Eysenach, Christoff der wirt daselbst in Brunnen haus und andere, die er nit gekant, haben vestiglich angehalten bei denen von Meyningne, damit der hauf gein Eysenach kommen solt, als dan gescheen; und wol solche von inen nicht gesucht, so were der hauf nit gein Eysenach kommen."
Die Bauern machten sich also auf den Weg: „Vor Schmalkalden umfasste der Bauernhaufen noch fast 13.000 Mann. Weil sie aber dem Grafen Wilhelm von Henneberg, dem dortigen Herrn, umfassende Geständnisse abgepresst hatten, waren viele Bauern wieder auf ihre Felder zurückgekehrt, nur noch etwa 2.000 Mann standen vor den Eisenacher Toren", erzählt Sandra Wichmann vom weiteren Verlauf. Und die Bürger waren keineswegs gewillt, ihnen die Tore zu öffnen, Schultheiß Johann Oswald taktierte und suchte – vergeblich – Rückhalt beim Grafen. Die Bauern quartierten sich im Katharinenkloster vor Eisenach ein. Am 8. oder 9. Mai 1525 ging der Anführer des Haufens, Hans Sippel aus Vacha, mit seinen Hauptmännern vor das Georgentor und wollte mit dem Schultheißen der Stadt verhandeln. „Kaum öffneten die Eisenacher dem Grüppchen die Tore, um die Anführer einzulassen, da schlugen sie die Tore schon wieder zu und verhafteten sie", erzählt die Gästeführerin. Sie wurden in Zellen gesperrt und gleich

verhört, sogar peinlich befragt, also gefoltert, um Geständnisse zu erzwingen.

Die nun führungslosen Bauern, die schnell von der Verhaftung ihrer Anführer erfuhren, wendeten sich an den bekannten Reformator und Bauernführer Thomas Müntzer (1489-1525), der daraufhin einen Brief an die Eisenacher schrieb. „Diese that an unsern brudern volzogen beweyset eure hinderlist", beklagte er und forderte die Eisenacher auf, die Gefangenen freizugeben.

Vergeblich. Den Bauernführern wurden Geständnisse abgepresst, die zu ihrer Verurteilung führten. Am 11. Mai 1525 brachten die Eisenacher sie vor die Georgenkirche und enthaupteten sie. Auf einer Rechnung des Amtes Eisenach ist dies wie folgt festgehalten: „1 Schock 45 Groschen einem scharfrichter zu Eysennach zu lohn gegeben, hat Hannsen Sippeln, obristen hauptmann der pauerschaft, und seine gesellen Jakoffen Topfern von Bercka, Jorgen Hain von Wetzelrade, Herman Storck von Eysennach und Jung Heintzen Bittemern von Nesselröden mit schwert gerichtet, dornstags nach Jublitate (11. Mai)."

Zu diesem Zeitpunkt begann sich der Bauernhaufen vor Eisenach schon aufzulösen, viele gingen nach Hause, da sie die herannahenden fürstlichen Truppen fürchteten. „Andere wiederum zogen weiter nach Frankenhausen und schlossen sich den dortigen Bauern an. In der Schlacht von Frankenhausen wurden sie wenige Tage später alle erschlagen, Thomas Müntzer gefangengenommen und schließlich hingerichtet", berichtet Sandra Wichmann vom Ende der Geschichte des Werrahaufens.

Noch heute erinnert das schwarze Kreuz im Pflaster an die Stelle, wo einst die Anführer der aufständischen Bauern hingerichtet wurden.

Mike Durlacher

....

So geht's zum schwarzen Kreuz:

Das schwarze Kreuz befindet sich im Pflaster vor der Georgenkirche beim Restaurant Brunnenkeller, Am Markt 10.

02

Kreuz mit Kopf

Und dann war die Zunge ab

So ein frecher Kerl! In etwa drei Metern Höhe befindet sich am Glockenturm in der Domstraße ein Kopf, der, auf einem Kreuz sitzend, den unten Vorbeiflanierenden die Zunge rausstreckt. Auf dem Kreuz steht: *VIELEN ZUR FREUDE * 1921 / MANCHEN ZUM TROTZ.*

Dietlinde Petarus hat die Geschichte des kleinen Frechlings recherchiert und stieß dabei auf einen Streit zwischen um ihren Turm kämpfenden Bürgern mit einem Bürgermeister, der in die Kritik geriet.

Der Turm des Anstoßes war um 1200 im Zuge des Baus der Eisenacher Stadtmauer errichtet worden. „Allerdings noch nicht als Glockenturm, sondern zuerst als Wachturm, als ‚Hoher Bergfried'", präzisiert die Gästeführerin. 1585 wurde an den Turm ein Glockenhaus angebaut: Die nahegelegene Georgenkirche besaß noch keinen, deshalb läuteten die Glocken ein ganzes Stück von der Kirche entfernt auf dem Turm, an dem heute die Fratze hängt. Die kam ins Spiel, als die Glocken und mit ihr auch der dort lebende Türmer auszogen: Anfang des 20. Jahrhunderts bekam die Georgenkirche einen eigenen Turm und der bisherige Glockenturm hatte ausgedient. Nun wurde es sehr still um den Turm. Keiner kümmerte sich mehr so recht um ihn, es drohte der Verfall, er war einsturzgefährdet. „Der schlechte Zustand machte den Eisenachern Sorgen. Zumal der Turm Oberbürgermeister Friedrich Janson, auch Fritz genannt, schon lange ein Dorn im Auge war", berichtet die Gästeführerin.

Der Grund für die Abneigung des Stadt-oberhaupts war ein ganz simpler: Der Glockenturm stand dem gegenüber wohnenden Janson (1885-1946) schlicht im Weg – versperrte er ihm doch die Sicht gen Westen. Zwar war der OB in der Stadt sehr angesehen und hatte sich viele Verdienste erworben, doch seinen Wunsch, den Glockenturm abzureißen, verübelten die Eisenacher ihrem Stadtoberhaupt und dem Stadtrat. Sie setzten alles daran, den Turm zu renovieren.

Dietlinde Petarus kennt die Geschichte, die sich einst hier abgespielt hat.

Wer zuletzt lacht, lacht bekanntlich am besten, und die Eisenacher lachten schallend, als sie ihren Turm gerettet hatten. „Die Bürger sicherten 1921 den Turm mit Eisenankern, die sie selbst finanziert hatten", erzählt die Gästeführerin. Um ihrem Triumph über den OB Ausdruck zu verleihen, brachten sie einen besonderen, kreuzförmigen Metallanker an – verziert mit einem Kerlchen, das die Zunge herausstreckt. „Und zwar genau auf Fensterhöhe der Wohnung von Janson", beschreibt Dietlinde Petarus die Position dieses Kreuzes mit Kopf.

Jedes Mal, wenn Oberbürgermeister Janson aus seiner Wohnung in Richtung Westen schaute, sah er nun also wie eh und je den Turm und bekam obendrein noch die Zunge herausgestreckt. „Das muss ihn ziemlich geärgert haben", glaubt Dietlinde Petarus, „und irgendwann soll ihm dann wohl der Geduldsfaden gerissen sein."

Denn kurze Zeit nach Anbringung des Metallankers ging Janson nachts heimlich daran, mit Leiter und Säge ausgerüstet, dem ungeliebten Zeitgenossen zu Leibe zu rücken. Er sägte die Zunge ab. „Sowohl die Zunge als auch der Rest des Ankers samt dem Kopf gingen in den 70er-Jahren verloren und die ganze Angelegenheit geriet in Vergessenheit", schildert die Eisenacherin den weiteren Verlauf.

„Sowohl die Zunge als auch der Rest des Ankers samt dem Kopf gingen in den 70er-Jahren verloren und die ganze Angelegenheit geriet in Vergessenheit."

Doch dann kam der Zufall zu Hilfe: 1998 wurde die Maske im Keller des Glockenhauses wiederentdeckt. Der Eisenacher Schlossermeister Peter Senf setzte die Einzelteile, Kopf und Zunge, instand und fügte sie dem frechen Kerlchen wieder ein. So kann er nun fröhlich weiter die Zunge herausstrecken, tagein, tagaus. Der inzwischen selige OB sieht das zwar höchstens noch von seiner Wolke aus, aber eine wichtige Aufgabe erfüllt der Kopf noch immer. Denn er verkündet: Wer sich in Eisenach an historischer Substanz vergehen will, der bekommt es mit den Bürgern zu tun. Und wenn er Pech hat, bis an sein Lebensende die Zunge herausgestreckt.

Melanie Kunze

So geht's zum Kreuz mit Kopf:

Der Kopf ist am Glockenturm in der Domstraße auf etwa drei Metern Höhe an der Turmecke Richtung Nachbarhaus in der Mönchstraße 26 angebracht.

16

Die Einfahrt zum St. Georg Klinikum, früher Städtisches Krankenhaus, in dem August Stauch 1947 starb.

03

Krankenhaus

Höhenflug und tiefer Fall

„Sieh mal, Mister, moy Klip", sagt der Einheimische Zacharias Lewala zu August Stauch (1878-1947), dem Mann aus Eisenach, der nach Südwestafrika gereist ist, um sein Asthma auszukurieren. *Moy Klip* bedeutet so viel wie *schöner Stein*. Stauch, der sich für Mineralien interessiert, begutachtet das Fundstück, wobei ihm vermutlich ein Schauer über den Rücken läuft. Wenn dieser Stein das ist, wofür er ihn hält, dann würde sich sein Leben schlagartig ändern.

Und sein Leben, das ist bisher nicht allzu aufregend gewesen. „Sein Eisenacher Arzt hatte dem bei der Bahn angestellten Stauch zu einer Luftkur geraten. Ein Ort mit klarer, trockener und sauberer Luft würde seine Beschwerden lindern", erzählt Stadtarchivar Christopher Launert. Der Arzt hat auch gleich einen passenden Ort im Sinn: Deutsch-Südwestafrika. Denn die seit 1884 im Besitz des Deutschen Reiches

17

befindliche Kolonie bietet für diese Kur sicher die besten Möglichkeiten.

Und so macht sich Stauch 1907 in die Kolonie auf. Er soll dort, weiterhin als Bahnangestellter, einen Streckenabschnitt der Eisenbahn bei Lüderitz – benannt nach Adolf Lüderitz (1834-1886), dem Gründer der Kolonie – von Sand freihalten. Denn der stetige Wind an der Küste schiebt die Dünen der Namib-Wüste immer wieder auf die Gleise. „Für diese Arbeit stellte ihm die Eisenbahngesellschaft einen Gehilfen, Zacharias Lewala", sagt der Stadtarchivar, „jenen Einheimischen, der ihm den Stein zeigt."

Aufgeregt begibt sich Stauch mit dem kleinen Stein zu seinem Freund, dem Bergwerksingenieur Sönke Nissen (1870-1923). Nissen bestätigt, was Stauch sich erhofft hat: Es handelt sich um einen Diamanten! Nun ist äußerste Vorsicht geboten. Sollten die falschen Personen von dem Fund Kenntnis erhalten, würde Stauch das Glück durch die Finger rinnen wie der Sand der Namib-Wüste, den er Tag für Tag wegschaufelt.

Stauch kündigt fristgerecht seine Arbeit, damit kein Verdacht aufkommt. Dann erwirbt er Schürfkonzessionen für 70 Claims auf einem Gebiet von mehr als 20.000 Hektar. „Für das kaiserliche Bergbauamt, von dem Stauch das Land pachtete, war dieser Landstrich wertlos, da sich dort nur Sand befand, aber Stauch wusste es eben besser", bemerkt Christopher Launert. Sofort gründet er nun zusammen mit Nissen die *Diamantenschürfgesellschaft Kolmannskop*. Schweres Gerät ist für die Gewinnung nicht nötig, Stauch und seine Arbeiter können die Steine einfach so aus dem Sand auflesen.

„Für das kaiserliche Bergbauamt, von dem Stauch das Land pachtete, war dieser Landstrich wertlos, da sich dort nur Sand befand, aber Stauch wusste es eben besser."

Innerhalb kürzester Zeit wird Stauch sagenhaft reich. Für die vielen Arbeiter gründet er eine Siedlung, die denselben Namen trägt wie seine Gesellschaft und der Ort, an dem sie errichtet wird. Kolmannskop ist zeitweise die reichste Stadt Afrikas. Es gibt ein Krankenhaus, eine Schule, Turnhalle, Kegelbahn und ein Schwimmbad – und sogar das erste Röntgengerät Afrikas! Das ist für die Versorgung der Bewohner gedacht, dient aber auch dazu, etwaige am Körper versteckte Diamanten bei verdächtigen Arbeitern zu entdecken.

Schon im Juli 1908 werden die sagenhaften Funde sogar im fernen Deutschen Reich bekannt, ein wahres Diamantenfieber entbrennt. Zahllose Glücksritter machen sich in die Kolonie auf, um dort die Steine zu suchen, die man angeblich nur aufzulesen braucht. „1909 förderte Stauch mit den 300 deutschen und etwa 800 einheimischen Arbeitern fast 70.000 Karat an Diamanten – was heute etwa 1,3 Milliarden Dollar entspräche. Das waren rund 20 Prozent der weltweiten Diamantenproduktion", beschreibt der Stadtarchivar die Dimensionen der Förderung. Das veranlasst die Reichsregierung, das Gebiet zwischen der Mündung des Oranje-Flusses – dem zweitlängsten Fluss im südlichen Afrika – und dem 26. Breitengrad zum Diamantensperrgebiet zu erklären, um dem wilden Treiben ein Ende zu setzen und die Gewinnung von Diamanten in geordnete Bahnen zu lenken.

> *„1909 förderte Stauch mit den 300 deutschen und etwa 800 einheimischen Arbeitern fast 70.000 Karat an Diamanten - was heute etwa 1,3 Millionen Dollar entspräche. Das waren rund 20 Prozent der weltweiten Diamantenproduktion."*

Stauch häuft sein Vermögen nicht nur an, er investiert es auch. So gründet er zum Beispiel eine Rinderfarm. Er kauft im Deutschen Reich eine Pharma-Firma. Das von seiner Firma entwickelte Schmerzmittel *Quadronal* beschert ihm mehrere Millionen. Eine weitere Investition Stauchs ist die *Vox-Schallplatten- und Sprechmaschinen AG* in Berlin. Diese geht mit der ersten Unterhaltungssendung am 29. Oktober 1923 erstmals in den Äther – die Geburtsstunde des deutschen Rundfunks.

1920 gelten die Diamantenvorkommen in Deutsch-Südwestafrika als erschöpft, auch gehört die Kolonie nach dem Ersten Weltkrieg nicht mehr zum Deutschen Reich. Stauch veräußert seine Claims an Ernest Oppenheimer (1880-1957), den Begründer der Firma *De Beers*, bis heute größter Diamantenproduzent und -händler. Dann kehrte er nach Deutschland zurück. „Doch lange konnte der mehrfache Millionär sein Vermögen nicht genießen. 1931 verlor er infolge der Weltwirtschaftskrise alles", berichtet Christopher Launert. „Sein gesamtes Diamantenvermögen löste sich in Schall und Rauch auf. Nur zwei Farmen, darunter die Farm Ibenstein in Südwestafrika, konnte er behalten."

„Doch lange konnte der mehrfache Millionär sein Vermögen nicht genießen. 1931 verlor er infolge der Weltwirtschaftskrise alles."

Und so muss August Stauch wieder kleinere Brötchen backen. Er entdeckt die Mathematik und die Physik für sich und beginnt 1938 an der Universität Breslau zu studieren. Der Zweite Weltkrieg treibt ihn zurück in seine Heimat Ettenhausen, wo er schließlich völlig verarmt und zudem noch an Magenkrebs erkrankt. Am 6. Mai 1947 verstirbt er im Städtischen Krankenhaus Eisenach mit angeblich nur 2,50 Mark in der Tasche.

Mike Durlacher

So geht's zum Krankenhaus:

Das damalige Städtische Krankenhaus heißt heute St. Georg Klinikum. Es befindet sich in der Mühlhäuser Straße 91.

Bei den beiden Figuren handelt es sich um echte Eisenacher Originale.

04

Henner und Frieder

Und was ist mit Lawise?

Wenn Christiane Tomaske über den Marktplatz geht und an der Buchhandlung „Leselust" vorbeikommt, schweift ihr Blick unwillkürlich zu den beiden schwarzen Metallfiguren an der Hausfassade. Stolz ist sie auf diese beiden – Henner und Frieder – schließlich wandelt sie als „Tante Frieda" gewissermaßen in den Fußstapfen der beiden Originale.

Doch der Reihe nach: „Seit 1885 erzählt man sich in Eisenach Henner-und-Frieder-Witze, aber wirklich ein Bild hat sich lange Zeit niemand von den beiden gemacht", beschreibt die Gästeführerin die Anfänge des Duos. Das änderte sich 1928, als der Karikaturist Paul Hempe (1886-1973) den Auftrag erhielt, für die Wochenendausgabe der *Eisenacher Tagespost* den Unterhaltungsteil mit einigen lustigen Zeichnungen und dazugehörigen Texten zu bereichern. Der Karikaturist ging sogleich ans Werk, verbrachte einige Wochen am Reißbrett und malte Männchen. Doch für den Durchbruch brauchte er den einen

21

oder andern Schluck Wein: Nach einem ausgiebigen Besuch in der Weinhandlung Rodensteiner küsste ihn die Muse, er nahm seinen Skizzenblock und zeichnete: genau! Henner und Frieder, wie man sie heute kennt und liebt. Da beide echte „Stiegker" waren – schließlich sprachen sie selbstverständlich den Ehrensteiger Dialekt – ließen sich

Christiane Tomaske alias „Tante Frieda" zeigt auf ihre Vorgänger: Henner und Frieder.

für Paul Hempe aus den Namen auch die Figuren der beiden ableiten. „Henner wird kurz gesprochen, also muss alles an ihm kurz, dick und rund sein", erklärt die Eisenacherin. Und diesem Schema folgte selbst die Kopfbedeckung – im Stiegker Dialekt *Bibi* genannt. Frieder hingegen wird lang und gedehnt ausgesprochen, daher musste bei ihm inklusive dem Mützenschild alles lang sein. „Und so sollte es nicht mehr lange dauern, bis die beiden wortgewandt und schwarz-weiß gezeichnet in der *Eisenacher Tagespost* erschienen", erzählt Christiane Tomaske die Geschichte ihrer beiden Vorgänger weiter.

Henner und Frieder erfreuten sich so großer Beliebtheit, dass die Eisenacher ihnen noch mehr Leben einzuhauchen gedachten: Der Oberlehrer Fritz Reinhardt machte sie zu Bühnenfiguren und ließ sie in seinem Volksstück *Miele* auftreten. Ihre Premiere feierten die Laienschauspieler Albert Fehr als Henner und Kurt Hesse als Frieder am 8. März 1931. Das Publikum war begeistert und Henner und Frieder fortan fester Bestandteil von

Sommergewinn und *Kommersch*. „Das Sommergewinn ist eines der größten Frühlingsfeste in Deutschland", sagt die Gästeführerin. Mit diesem soll der Winter aus der Stadt vertrieben werden und der Sommer Einzug halten. Eine Woche zuvor wird bereits an den beiden Vorabenden – den Kommerschen – die Vorfreude auf das Fest mit einem Abendprogramm geweckt.

Bald schon wurde den Herren eine Frau an die Seite gestellt: Lawise, ihres Zeichens Gattin von Henner. „Schon die Zeichnung von Lawise – sie war lang und dürr – und ihrem Ehegatten Henner, klein, dick und rund, entbehrt nicht einer gewissen Komik", stellt die Eisenacherin fest, und beschreibt auch gleich eine Begebenheit aus dem Alltag der beiden: Als galanter Ehemann lud Henner natürlich seine Lawise auch mal auf einen Umtrunk in eine Gastwirtschaft ein und fragte besorgt: „Lawise, woas seufzt enn?" „Helles – wie emmer!"

An den beiden Originalen ging die Zeit nicht spurlos vorbei. Die beiden Laienschauspieler verabschiedeten sich 1974 in den Ruhestand, und Henner und Frieder gab es von da an nur noch in gezeichneter Form. Es folgte aber eine neue Generation – Nachfahren in gewissem Sinne: Günther Max Burkhardt alias Mäxer und Christiane Tomaske alias – genau: Tante Frieda! „Und es war gut, dass man nicht versucht hat, einfach nur andere Schauspieler für Henner und Frieder zu finden, sondern dass man neue Figuren entwickelt hat und so die Tradition fortgesetzt werden konnte", erklärt die Gästeführerin.

> *„Ich wurde von heftigen Geburtswehen geplagt, doch es hat sich gelohnt, denn ich schenkte zwei Kindern das Leben."*

Doch nach vielen Jahren trennten sich auch die Wege von Mäxer und Tante Frieda. 1989 verabschiedete sich ihr Partner von der Bühne. „Zum Glück musste ich nicht lange allein bleiben", erzählt Tante Frieda, „sondern mein Minchen, verkörpert von Elfriede Walter, stand mir dann zur Seite."

Freudestrahlend berichtet sie vom Jahr 2002, als die dritte Generation den Weg ins Leben fand: „Ich wurde von heftigen Geburtswehen geplagt, doch es hat sich gelohnt, denn ich schenkte zwei Kindern das Leben", sagt sie augenzwinkernd. Und diese beiden, Schorsch und Hermine, erwiesen sich als tatkräftige Unterstützung und bestreiten seit 2013 die Kommerschen eigenständig. Ganz trennen kann sich Christiane Tomaske von ihrer Rolle als Tante Frieda nicht, im Festumzug ist sie noch mit dabei. Mit Torsten Daut als Schorsch und Heike Apel als Hermine wird die Tradition rund um das Sommergewinn – das mittlerweile von der UNESCO in die deutsche Kulturerbe-Liste aufgenommen wurde – fortgesetzt. „Henner und Frieder haben den Eisenachern viel Freude geschenkt", sagt die Gästeführerin und schaut zu den beiden Figuren hinüber, die in den 1990er-Jahren an der Fassade der Buchhandlung, sozusagen ihrem Geburtshaus, angebracht wurden. Denn hier befand sich einst die Weinhandlung Rodensteiner, in der Paul Hempe das charakteristische Aussehen des Duos zu Papier brachte.

„Henner und Frieder haben den Eisenachern viel Freude geschenkt."

Melanie Kunze

So geht's zu Henner und Frieder:

Die beiden Figuren sind am Haus der Buchhandlung „Leselust", Ecke Badergasse / Markt, angebracht.

Der Prinzenteich verdankt seinen Namen trotz des Sonnenscheins einem eisigen Vergnügen.

05

Prinzenteich

Im Exil zur Ehrenbürgerin

Sanft gleitet das Boot über den Teich, angetrieben durch die Ruder, die gleichmäßig ins Wasser eintauchen. „An der breitesten Stelle hat er 45 Meter und eine Gesamtlänge von 210 Metern", nennt Ina Conrad erst einmal die Maße des Gewässers. Dass sich hinter dem Teich jedoch eine Geschichte versteckt, die bis nach Frankreich reicht und von zwei Prinzen und deren Mutter handelt, lässt sich allenfalls anhand des Namens erraten: Prinzenteich. „Diesen Namen gaben die Eisenacher Bürger dem Teich, da die beiden jungen Prinzen hier gerne im Winter Schlittschuh gelaufen sind", erklärt die Gästeführerin.

Finanziert wurde die Vergrößerung des ursprünglichen Lösch-wasserteiches von der Mutter der beiden Prinzen: Helene Duchesse d'Orléans (1814-1858). „Die Liebe zu Eisenach und der Wartburg wurde bei Helene bereits in der Kindheit geweckt", erzählt Ina Conrad. Helene, Tochter des Erbgroßherzogs Friedrich Ludwig zu Mecklen-burg-Schwerin (1778-1819), verlor schon im Alter von zwei Jahren ihre Mutter Caroline Prinzessin von Sachsen-Weimar und Eisenach (1786-1816). „Dass ihre Kindheit trotz der Umstände – der Vater starb drei Jahre nach der Mutter – behütet und glücklich wurde, hatte sie ihrer Stiefmutter zu verdanken", schildert Ina Conrad die frühen Lebensjahre von Helene. Auguste Friederike von Hessen-Homburg (1776-1871) war Helene und ihren Geschwistern nicht nur eine liebe-volle Ersatzmutter, sie legte auch sehr viel Wert auf eine ausgezeich-nete Bildung. So unternahm sie mit den Kindern viele Reisen und besuchte dabei auch immer wieder die weitverzweigte Verwandtschaft. Zeitweise hielt sich Helene in Thü-ringen am Weimarer Hof auf und lernte so neben dem dortigen Hof-leben als 13-Jährige auch den Geheimrat Johann Wolfgang von Goethe (1749-1832) kennen. Diese Begegnung beeindruckte sie tief.

Ina Conrad steht vor dem Stadtschloss, an dem eine Gedenktafel für die Hezrogin angebraucht wurde.

Während Helene zu einer jun-gen Frau heranwuchs, kam es in Frankreich zu großen politischen Umwälzungen: Infolge der Juli-revolution von 1830 wurde der Bour-bone Charles X. (1757-1836) als französischer König gestürzt. Die Zweite Kammer des Parlaments wählte Louis-Philippe von Orléans (1773-1850) am 7. August zum König. „Allerdings nicht als König von

Frankreich und Navarra, sondern als König der Franzosen", erklärt Ina Conrad. Die Thronbesteigung Louis-Philippes erfolgte nicht nach dem vor 1789 herrschenden Prinzip des Gottesgnadentums, sondern er wurde durch die Bürger zum König bestimmt. Dieser Umstand brachte dem König auch den Beinamen Roi Citoyen – Bürgerkönig – ein.

Louis-Philippe ging in den mächtigen Adelshäusern Österreichs und Preußens für seinen ältesten Sohn Ferdinand Philippe (1810-1842) auf Brautschau. Von den Habsburgern abgewiesen, fand er bei dem Hohenzollern Friedrich Wilhelm III. (1770-1840), König von Preußen, aber schließlich indirekt Gehör: Der Monarch hatte nämlich durchaus Interesse an einer engen Verbindung zu Frankreich und schlug eine Ehe zwischen Ferdinand Philippe und seiner Nichte Helene zu Mecklen-

„Der Monarch hatte nämlich durchaus Interesse an einer engen Verbindung zu Frankreich und schlug eine Ehe zwischen Ferdinand Philippe und seiner Nichte Helene zu Mecklenburg-Schwerin vor."

burg-Schwerin vor. Dieser Vorschlag fand auf beiden Seiten Zustimmung, Helene und Ferdinand Philippe gaben sich am 30. Mai 1837 auf Château de Fontainebleau das Ja-Wort. Damit begannen, wie Helene immer wieder in ihren Briefen festhielt, die schönsten Jahre für die Herzogin von Orléans. Die Eheleute hegten eine tiefe Zuneigung zu einander, 1838 wurde Louis Philippe Albert geboren, 1840 Robert Philippe Louis.

Doch dann schlug das Schicksal erbarmungslos zu. Während Helene sich in einem Badeort im Süden Frankreichs aufhielt, befand sich Ferdinand am 13. Juli 1842 auf dem Weg von Paris nach Neuilly in einer Kutsche, als deren Pferde vollkommen unerwartet durchgingen. Ob er sich durch einen Sprung aus der Kutsche aus der misslichen Lage befreien wollte oder ob er herausgeschleudert wurde, lässt sich nicht mehr nachvollziehen. Jedenfalls schlug er so unglücklich auf, dass er einige Stunden später seinen schweren Kopfverletzungen erlag.

Helene traf dieser Schicksalsschlag vollkommen unvorbereitet. Die junge Frau trauerte bitter um ihren Mann. Lange Zeit erholte sie sich nicht von ihrem Verlust, dennoch kämpfte sie sich mühsam in ihr

Leben zurück, getragen von dem Gedanken, jetzt die Verantwortung für den künftigen König von Frankreich als verwitwete Mutter übernehmen zu müssen. „Vermutlich nahm sie sich ihre eigene Stiefmutter Auguste zum Vorbild", meint die Eisenacherin. Schließlich war es dann auch Auguste, die ihr zur Seite stand und sie bei der Erziehung der beiden Prinzen unterstützte.

Wenige Jahre nach dem tragischen Kutschenunfall zeichnete sich in Frankreich wieder eine Wende ab. Das Bürgertum, das ihn einst zum König von Frankreich gewählt hatte, wurde zunehmend unzufrieden mit Louis-Philippe, da er die Bürgerrechte immer stärker beschnitt. Erneut kam es zu einer bürgerlichen Revolution, der Februarrevolution von 1848. Dieses Mal musste Louis-Philippe abdanken und ernannte Helene von Orléans zur Regentin – in Stellvertretung ihres erst zehn Jahre alten Sohnes Louis Philippe Albert (1838-1894). Als ihr Schwiegervater mit seiner Familie ins Exil nach England floh, versuchte Helene in der Nationalversammlung für ihren Sohn den Thron zu erhalten. Dieser Versuch schlug fehl. Sie war nun gezwungen, mit ihren beiden Söhnen aus Frankreich zu fliehen, da sie und ihre Kinder dort nicht mehr sicher waren. „Es bestand Lebensgefahr", verdeutlicht die Eisenacherin die schlimme Lage, in der sich Helene befand.

„Sie hatte hier schöne Tage ihrer Kindheit verbracht, und auch die Nähe zu vielen Verwandten machte ihre Entscheidung leichter."

Sie floh nach Deutschland und stand vor der Qual der Wahl: Viele Türen standen dem kleinen Hofstaat von Helene und ihren Söhnen offen. Sie entschied sich dafür, das Angebot ihres Oheims Carl Friedrich von Sachsen-Weimar-Eisenach (1783-1853) anzunehmen und ins Stadtschloss zu ziehen. „Sie hatte hier schöne Tage ihrer Kindheit verbracht, und auch die Nähe zu vielen Verwandten machte ihre Entscheidung leichter", benennt Ina Conrad die Gründe.

Helene widmete sich der Erziehung ihrer Söhne, interessierte sich für die Wartburg und pflegte eine Freundschaft mit dem Schlosshauptmann Bernhard von Arnswald (1807-1877), auch nahm sie an literarischen und künstlerischen Veranstaltungen in Eisenach teil.

Doch die Herzen der Eisenacher gewann Helene durch ihre soziale Ader: Sie unterstützte die Armenfürsorge und kümmerte sich grundlegend um die Belange der Menschen vor Ort. „Sie ließ ein Kinderfest ausrichten und auch sonst kannte ihr Engagement kaum Grenzen. Als sich die Bittgesuche häuften, bot ihr Oberbürgermeister August Roese (1807-1891) an, eine Vorauswahl für sie zu treffen", schildert die Gästeführerin. Helene finanzierte Bildungsinsti-

„In den Herzen der Eisenacher ist das Andenken an die Frau, die nach Frankreich gegangen war, um Königin zu werden, bis heute nicht erloschen."

tute, Armenhäuser und Pflegeeinrichtungen mit, bedachte Vereine mit großzügigen Schenkungen und stiftete Präsente für Jubiläen von Privatpersonen. „Und sie ließ auch den Teich vergrößern, auf dem ihre Söhne begeistert Schlittschuh liefen und den die Eisenacher heute noch als Prinzenteich kennen", schließt Ina Conrad die Aufzählung. Die Eisenacher dankten es ihr, indem sie ihr bereits 1851 als erster Frau in Eisenach die Ehrenbürgerschaft verliehen.

Im Mai 1858, gute zehn Jahre nach ihrer Flucht aus Frankreich nach Eisenach, starb Helene in der Nähe von London infolge einer Grippe. Zuvor hatte sie noch hingebungsvoll ihren ebenfalls erkrankten Sohn wieder gesund gepflegt. Ina Conrad sagt: „In den Herzen der Eisenacher ist das Andenken an die Frau, die nach Frankreich gegangen war, um Königin zu werden, bis heute nicht erloschen."

Melanie Kunze

So geht's zum Prinzenteich:

Der Prinzenteich liegt auf der Südseite der Straße Mariental.

06

Schmales Haus

Rebellische Bewohner

Irgendwann in der Mitte des 18. Jahrhunderts muss es erbaut worden sein. „So genau weiß man das nicht", erklärt Randell Anderson, „viel spannender ist auch die Geschichte des Hauses ab etwa 1880." Davor war es einfach nur eines von vielen schmalen, kleinen Häusern am Johannisplatz. Baugrund war schon immer teuer, und wer nicht viel Geld hatte, baute eben schmal und tief. Wie überschaubar die Dimensionen des Hauses sind, verdeutlicht der Gästeführer, indem er sich vor die Fassade stellt und die Arme ausbreitet. Die Fingerspitzen reichen beinahe von Hauswand zu Hauswand. Gerade einmal 2,05 Meter ist das kleine Gebäude breit, etwa 20 Quadratmeter an Grundfläche schlagen hier zu Buche, die angrenzenden Häuser überragen es beinahe um das Doppelte.

Liebevoll nennen die Eisenacher das Haus auch *Handtuch*, warum, erklärt sich aus der Geschichte ab etwa 1880: Damals bewohnte ein einfacher Hoteldiener und Portier im Hotel Kaiserhof, Wilhelm Köhler, das kleine Häuschen mit seiner Schwester Luise Fritsch.

Um 1880 sollte Eisenach eine Kurstadt werden, es herrschte reger Baubetrieb, alles sollte schön, zeitgemäß und prachtvoll aussehen. So auch der Johannisplatz. Viele große, ansehnliche Bürgerhäuser wollte man hier bauen, das Köhler'sche Häuschen sollte weichen.

Doch die Planer hatten ihre Rechnung nicht mit dem resoluten und vielleicht etwas starrköpfigen Wilhelm Köhler gemacht. Der sah es ganz und gar nicht ein, sein kleines Häuschen billig für den Abriss zu verkaufen, und weigerte sich. Alle seine Nachbarn hatten da schon längst das Feld geräumt. „Köhler forderte anscheinend 10.000 Goldmark als Verkaufssumme für sein Haus, eine exorbitant überzogene Summe", schildert Anderson die Strategie des Hausbesitzers, denn die Stadt hätte das Haus zu diesem Preis niemals gekauft, würde es ihm also lassen. Auch wandte sich Köhler an den Großherzoglichen Bezirksdirektor in Weimar, mit dessen Hilfe ihm das Bravourstück

Wenn Randell Anderson die Arme ausbreitet, kann er fast von einer Hauswand zur anderen greifen. So schmal ist das Haus, vor dem er steht.

gelang: Er durfte trotz des Ärgers mit der Stadt sein Haus behalten. „Das hieß aber noch lange nicht, dass das ganze Bauprojekt einge- stampft wurde. Die Stadt riss die Nachbargebäude ab und baute ein- fach darum herum", erzählt der Gästeführer.

Weil das Gebäude aber so sch- mal war, musste es während der Bauphase links und rechts mit Holzbalken abgestützt werden, sonst wäre es einfach umgefallen. Außerdem bekam Köhler Aufla- gen, er musste die Licht-, Luft- und sanitären Verhältnisse verbessern, was er umgehend tat. Er installierte Entlüftungsrohre und eine Licht- kuppel – das Haus hatte ja nur an der Front und hinten zum Hof Fenster – und legte eine Klärgrube an, die über Rohre angeschlossen wurde. Schließlich machten die Stadtoberen ihren Frieden mit Köhler, der Hofzimmermeister

Wie eingeklemmt zwischen zwei Riesen: das „Schmale Handtuch".

Gustav Voigt unterstützte zwischen 1902 und 1903 sogar die Erneue- rung der Fassade, die seitdem im charakteristischen Jugendstil gehal- ten ist und mit leuchtenden Farben erfreut.

„Aufgrund eines neuen Anstrichs der Fassade des Schmalen Hauses wurde es ab 1941 *das schmale Handtuch* genannt. Denn ein Herr von der Bauaufsicht soll in einem Brief gemeint haben, das Haus wäre nicht breiter als ein Badehandtuch lang ist", erzählt Randell Anderson.

Etwa ab 1940 übernahm Luise Fritsch das Haus und betrieb dort ihren im wahrsten Sinne des Wortes *kleinen* Laden für Gemüse, Obst und Südfrüchte. Noch heute ist die Eingangstür so geteilt, dass sich im oberen Bereich Schaufenster öffnen lassen. Die sind jetzt dauerhaft mit hölzernen Läden verschlossen. Sonst würde ständig jemand in den Flur schauen.

1973 war das Kleinod aber wieder in Gefahr. In desolatem Zustand, sollte es nun doch abgerissen werden. Aber da trat der Eisenacher Klaus Trippstein (1948-2017) auf den Plan. Er kratzte die erforderlichen 3.500 DDR-Mark zusammen, verkaufte sogar sein Auto und rettete so das kleine Häuschen. Liebevoll restaurierte er es mit Baumaterialien, die bei den Umbauten am Jakobsplan auf die Halde gekommen wären. Ersetzte so das eingestürzte Dach, stabilisierte die Wände und richtete sich dort seit 1974 gemütlich ein. Auch Trippstein, den die Eisenacher liebevoll Trip-pus nannten, soll kein ruhiger Geselle gewesen sein, zumindest laut der Stasi. Diese ließ ihn nämlich bespitzeln, da sich im Hause des Freigeists immer öf-ter Oppositionelle trafen. „Er spielte auch in der später verbotenen Band *The Spiters* mit", erzählt der Gästeführer, der das Eisenacher Original persönlich kannte. „Nach der Wende wurde aus dem Oppositionellentreff ein traditionelles Montags-Bier, auch die Band lebte wieder auf."

Doch 2012 erlitt Trippus einen Schlaganfall und ging in den Ruhestand. „Da traf man ihn eigentlich fast immer in seinem Haus an, er saß dann oben am Fenster, pfiff eine Melodie oder machte ein Nickerchen. Stets winkte er den Gästen der Stadtführungen freundlich zu, die wohl ohne uns Stadtführer oftmals achtlos am Schmalen Handtuch vorbeigegangen wären", erinnert sich der gebürtige Amerikaner.

Das Haus steht zurzeit leer. „Bestimmt taucht, sollte das *Handtuch* jemals wieder in Gefahr geraten, abgerissen zu werden, erneut ein Retter für eines der kleinsten Häuser Deutschlands auf", hofft Randell Anderson.

Mike Durlacher

So geht's zum Schmalen Haus:

Das Schmale Haus steht am Johannisplatz 9.

07

Straßenbahnrosette

Als die Bahn noch durch die Stadt fuhr

Man muss schon sehr genau hinsehen, um sie an der Fassade auf Höhe des ersten Stockwerks zu entdecken. Täte sie noch ihren Dienst, wäre sie viel leichter auszumachen. Denn dann wären Tragseile an ihr befestigt, und unten auf der Straße könnte man den Grund für ihre Existenz sehen. Die Rede ist von einer sogenannten Straßenbahnrosette. „Sie hatte, wie ihre vielen Artgenossinnen, die Aufgabe, die Oberleitungen für die Straßenbahn zu halten, über die die Triebwagen des Nahverkehrsmittels den Strom bezogen, um ihre Passagiere von A nach B zu bringen", erklärt Gästeführer Uwe Leifheit.

Einer Straßenbahn konnten sich die Eisenacher schon früh erfreuen: Die Anfänge der Planung reichen bis ins Jahr 1882 zurück, als über eine dampfbetriebene Zahnradbahn zur Wartburg und durch die Stadt nachgedacht wurde, verschiedenste Varianten wurden diskutiert. Damit waren die Weichen sozusagen gestellt: Nur zehn Jahre später, 1892, gründete sich die *Elektricitätswerk Eisenach Aktiengesellschaft*, die 1895 den Bau einer elektrischen Straßenbahn beschloss. Selbige wurde am 1. August 1897 eröffnet und verlief auf einer etwa 3,1 Kilometer langen Strecke vom Hauptbahnhof bis in das Annatal. Am ersten Tag nutzten über 3.700 Menschen die kleine Bahn, 25.600 waren es in der ersten Woche.

Für den Bau der elektrischen Straßenbahn gab es zwei Gründe. Erstens: Carl-Alexander von Sachsen-Weimar-Eisenach (1818-1901) galt als sehr moderner und liberaler Landesfürst – und wollte hinter dem Fortschritt der Technik keineswegs zurückstehen. Zweitens: der Tourismus. „Schon früh hatten die Eisenacher erkannt, dass ihre Stadt in dieser Hinsicht durchaus Potential hat", weiß der Gästeführer. Wegen Luther, dem Annatal mit der Drachenschlucht (siehe Geheimnis 17), wegen der Wartburg und weiterer Attraktionen.

Die Straßenbahn kam gut an bei den Eisenachern und ihren Gästen.

Klein und versteckt: die Straßenbahnrosette in der Johannisstraße.

Bis 1925 wuchs das Schienennetz auf eine Gesamtlänge von fast zehn Kilometern. Die Anzahl der eingesetzten Wagen – auf den verschiedenen Strecken – erhöhte sich bis 1929 auf 24, eine zur Wartburg führende Linie wurde allerdings nie realisiert. „Für die Wagen der Straßenbahn gab es ein Depot, das neuere wurde im August 1929 an der Ecke Sommerstraße und Uferstraße eröffnet", erzählt Uwe Leifheit. Hier wurden die Wagen über Nacht untergestellt, aber auch Werkstätten für den Unterhalt der Straßenbahn waren hier beheimatet.

Die Straßenbahnrosetten nebst den daran befestigten Tragseilen hielten die Oberleitung für die Triebwagen an Ort und Stelle. Sie bestanden aus einer Grundplatte, der Rosette, und dem Haken oder Umlenkrollen und waren fest in der Hauswand verankert. Nicht nur in Eisenach sind diese Rosetten zu finden: Man entschied sich in vielen Städten – gerade in den engeren Straßen – gegen Masten und für die Anbringung der Halterung direkt an den Häusern, da oft nicht genügend Platz für Masten vorhanden war und sie sich nicht sonderlich gut in das idyllische Stadtbild eingefügt hätten.

Ein weiteres Relikt aus Zeiten, in denen noch eine Straßenbahn durch Eisenach fuhr: Schienen auf dem Karlsplatz.

1936 gab es erste Bestrebungen, die elektrische Straßenbahn durch Oberleitungsbusse zu ersetzen. Die waren viel wendiger, fuhren zwar nicht auf Schienen, waren aber ebenfalls an die Oberleitungen angebunden. „Doch in den brisanten Zeiten blieb es bei den Bestrebungen, denn der vom Deutschen Reich begonnene Krieg brach über Europa herein, auch Eisenach blieb nicht verschont", berichtet Uwe Leifheit. Durch Schäden an Gleisen und Bombentreffer auf die Wagenhalle musste der Nahverkehr im September 1944 seinen Betrieb einstellen, er konnte erst 1947 langsam wiederaufgenommen werden.

Wagen um Wagen transportierten die Eisenacher den Trümmerschutt mit der Straßenbahn aus der Stadt.

Wirklich erholen konnte sie sich aber nicht mehr: Bereits 1956 dachte man wieder über eine Umstellung auf Oberleitungsbusse nach – und diesmal folgte der Idee auch die Umsetzung. Am 3. Februar 1958 wurde die Strecke vom Platz der Deutsch-Sowjetischen Freundschaft, dem heutigen Karlsplatz, zur Gaststätte Phantasie im Mariental stillgelegt und fortan mit Bussen befahren.

Es dauerte aber noch bis zum 31. Dezember 1975, bis der volkseigene Betrieb *Städtischer Verkehr* den Straßenbahnbetrieb in Eisenach einstellte und dieser komplett durch Busverkehr ersetzt wurde. „Viele der Straßenbahnwagen wurden verschrottet oder anderen Straßenbahnbetrieben zugeführt. Auch die nun nutzlos gewordenen Schienen wurden, ebenso wie die Oberleitungen, demontiert und weiterverwendet", schließt Uwe Leifheit die Geschichte der Straßenbahn in Eisenach.

Die Straßenbahnrosetten aber waren so fest in den Häuserfassaden verankert, dass die Wände zu sehr beschädigt worden wären, hätte man versucht, sie zu entfernen. Daher blieben die Rosetten an vielen Stellen erhalten und künden von einer Zeit, in der die Straßenbahn noch rumpelnd durch die Stadt fuhr und gleichermaßen Einheimische wie Touristen an ihr Ziel brachte.

Mike Durlacher

So geht's zur Straßenbahnrosette:

Eine Straßenbahnrosette hängt an der Fassade in der Johannisstraße 6-12.

08

Engelsfigur

Göttin und Märchenfigur

Sanft schweben Schneeflocken vom Himmel und sinken auf die Engelsfigur auf dem Alten Eisenacher Friedhof herab. Erst wenige und dann immer mehr Flocken finden den Weg nach unten. Frau Holle leistet ganze Arbeit, um eine passende Kulisse für diese Geschichte zu schaffen. „Denn", sagt Gästeführerin Helga Stange, „Frau Holle hat ihre Prominenz auch der Frau zu verdanken, der dieser Engel gewidmet ist."

Auf die Spur der erwähnten Frau kommt man – wie sollte es auch bei einem Märchen anders sein – wenn man das Leben der Brüder Grimm betrachtet: Bevor Jacob Grimm (1785-1862) und Wilhelm Grimm (1786-1859) ihre Kinder- und Hausmärchen im Jahr 1812 veröffentlichten, mussten sie sich auf die Suche nach den mündlich überlieferten Geschichten begeben. Ihrem Bestreben, dabei dem „einfachen Volk" auf den Mund zu schauen, blieben sie nicht treu. „Eher im Gegenteil", berichtet die Eisenacherin, „Geistesgrößen wie Clemens Brentano und Achim von Arnim beteiligten sich und lieferten Texte." Als weitere Quellen dienten dem Brüderpaar ihre Jugendfreundinnen, die Töchter der Familien Wild und Hassenpflug aus Kassel, die dem gehobenen Bürgertum angehörten. Und eine dieser jungen Damen, Henriette Dorothea Wild (1793-1867), Dortchen genannt, war es, die die Grundlagen für 17 Märchen der Brüder Grimm lieferte, darunter auch die Geschichte von Frau Holle. Diese Mädchen hatten die Geschichten und Sagen unter anderem von ihren Kindermädchen gehört. Wilhelm Grimm gefiel offenbar nicht nur die Geschichte, die Dorothea erzählte, sondern auch das Mädchen selbst: Als seine Schwester, die bis dahin den Haushalt der beiden Brüder geführt hatte, starb, heiratete er Dorothea und bekam mit ihr drei Kinder.

„Frau Holle ist aber mehr als eine Märchenfigur, sie gehört eigentlich in den Bereich des altgermanischen Götterglaubens und der Sagen", erzählt die Gästeführerin. Und sie ist mitnichten nur für den Schnee verantwortlich, wie gemeinhin angenommen wird: Durch ihre Segnung der grünen Fluren im Frühjahr sollte der Saft in die Pflanzen schießen und die Natur erwachen. Einer weiteren Sage zufolge bat sie in den Raunächten – den zwölf Heiligen Nächten zwischen Weihnachten und dem 6. Januar – als alte und hilflose Frau um Nahrung und Obdach. „Diejenigen, die ihr halfen, wurden reich belohnt", erzählt die Eisenacherin, „doch wer aus Geiz die Hilfe verwehrte, wurde bestraft." Und so ähnlich erging es Goldmarie und Pechmarie im Märchen von Frau Holle ja auch: Die Alte bat das Mädchen: „Nur mußt du recht darauf Acht geben, daß du mein Bett gut machst und es fleißig aufschüttelst, daß die Federn fliegen, dann schneit es in der Welt […]." Goldmarie war die ganze Zeit fleißig, wurde von ihr mit Gold überschüttet und Frau Holle sagte zu ihr: „Das sollst du haben, weil du so fleißig gewesen bist." Pechmarie hingegen zeigte weit weniger Einsatzwillen und erhielt statt des Goldregens eine Pechdusche: „Das ist zur Belohnung deiner Dienste."

Mit Eisenach hat diese Geschichte bisher nicht viel zu tun – dass Dorothea hier bestattet ist, hängt mit einem tragischen Unglück zusammen: 1867 verstarb sie bei einem Besuch beim Burghauptmann der Wartburg, Bernhard von Arnswald (1807-1877), überraschend an einer Lungenentzündung. „Da es damals noch nicht üblich war, Tote über eine längere Wegstrecke an ihren Heimatort zu überführen, wurde sie auf dem Alten Friedhof bestattet", erklärt die geschichtskundige Gästeführerin. Bereits ein Jahr später wurde die neue Begräbnisstätte in Eisenach eröffnet und der Alte Friedhof verlor immer mehr an Bedeutung. Viele der alten Gräber verschwanden und so auch das der Dorothea Grimm. Stück für Stück: Zuerst wurde 1955 die gusseiserne Umrandung von einem Altmetallhändler entfernt, zwei Jahre später ging auch der Engel verloren.

Dass heute wieder ein großer Teil der ursprünglichen Grabstätte zu sehen ist, ist dem Eisenacher Geschichtsverein zu verdanken. Dieser ergriff 2002 die Initiative und warb eifrig für sein Projekt. Selbst der Engel fand wieder seinen Platz auf der Erinnerungsstätte. „Allerdings nicht der verlorengegangene, sondern eine Replik. Es konnte ein Abguss vom deckungsgleichen Engel in Kassel auf dem Grab der Charlotte Amalia Grimm, einer Schwester der beiden Märchensammler, erstellt werden, er befindet sich auf fast allen Grabsteinen der Familie Grimm", sagt Helga Stange.

Seit 2010 steht nun also wieder ein Engel auf dem Grabsockel und wartet Jahr für Jahr darauf, dass Frau Holle im Winter die Kissen schüttelt und sich die Schneeflocken auf den Weg machen. Weit haben sie es einer Sage nach nicht, lebt sie doch auf dem nahegelegenen Hörselberg.

Melanie Kunze

So geht's zur Engelsfigur:

Die Engelsfigur auf der Grabstätte der Dorothea Grimm findet man auf dem Alten Friedhof in Eisenach vom Storchenturm kommend auf der rechten Seite unterhalb der Kirche.

Diese Stufen sind der letzte Rest der zu nationalsozialistischen Propagandazwecken erbauten Waldbühne.

Stufen

Nationalsozialistisches Programm im Wald

09

Auf den ersten Blick sehen die Stufen, die sich links des Spazierweges in einer Senke erheben, idyllisch aus. Doch der Schein trügt, denn der Ort, zu dem die Stufen einst führten, ist Teil eines der dunkelsten Kapitel Deutschlands: Es handelt sich um die Waldbühne, die die Nationalsozialisten 1933 für ihre ideologischen Zwecke errichtet haben. Rechtzeitig zum 44. Geburtstag Adolf Hitlers (1889-1945) wurde sie eröffnet. „Es ist ein hervorragend geeigneter Platz, inmitten des herrlichsten Laubwaldes, neben dem Hainstein, mit dem Blick über die Bühne hinweg zur Wartburg", schreibt der Nationalsozialist Heinrich XLV. Prinz Reuß (1895-ver-

41

mutlich 1945) in seinem Artikel *Die Wartburg-Waldbühne in Eisenach.*
Sinn und Ziel eines Aufbaus im *Thüringer Fähnlein* von 1932/33.

„Für etwa 2.300 Personen" sollte dort Platz geschaffen werden,
„der leicht auf das Doppelte erweitert werden kann", schreibt Heinrich
XLV. Reuß. Es handelte sich demnach um den Bau einer nationalsozialistischen Kultstätte, die dazu dienen sollte, die völkische Ideologie
propagandawirksam in Szene zu setzen.

Auf dieser Bühne wollten die Nationalsozialisten sogenannte *Thing-
spiele* abhalten. Das Thing – norddeutsches Wort für *Ding* – war die
germanische Volks- und Gerichtsversammlung, die unter freiem Himmel stattfand. Joseph Goebbels (1897-1945), seit 1933 Leiter des
Reichsministeriums für Volksaufklärung und Propaganda, bezeichnete das Thingspiel als „Theater der Fünfzig- und der Hunderttausend", und der Reichsbund der Freilicht- und Volksschauspiele (RFV)
warb kräftig dafür. Zum einen wollten die Nationalsozialisten mit
diesen groß inszenierten Schauspielen die Zuschauer als Individuen
gleichschalten, zum anderen mit ihrer völkisch-arischen Ideologie
indoktrinieren: „[…] hier taucht der einzelne in die Gemeinsamkeit
des Erlebens, hier wird zugleich das Naturgefühl befriedigt, das heute
wieder so stark geworden ist, und hier kann endlich und nicht zuletzt
ein großer dramatischer Gegenstand dem Bewußtsein eines neu geein-
ten Zuhörerkreises mitgeteilt werden", schreibt Heinrich XLV. Reuß
1933. Nur Werke, die die „völkische Einheit" stärken, sollten aufge-
führt werden, die die „Verpflichtung gegenüber dem Ort und gegenüber dem Geist, den er uns vererbt," nicht gering achten, meint der
nationalsozialistische Autor.

Er spricht sich auch dafür aus, einen *Dichterwettstreit,* „eine lebendige
Anknüpfung an den Sängerkrieg auf der Wartburg", ins Leben zu
rufen. „Hier soll in strenger Wahl das Beste und das Geeignetste
gesucht und dargestellt werden", schreibt er – und meint damit Werke,
die die Rassenideologie vertreten. Das Schaffen der Theaterleute seiner
Zeit beschreibt Heinrich XLV. dagegen als „planlos schweifend" und
„verirrtes Streben".

Karl August Walther, der spätere Herausgeber des nationalsozialistischen Hochwart-Verlags schreibt zur Grundsteinlegung für die
Waldbühne am 24. Juni 1932 dementsprechend: „Dieser grünen

Bühne im Wartburgwald, die ein Nationaltheater deutschen Geistes werden soll, ein weites Echo zu sichern, wird im kommenden Jahre eine unserer wichtigsten Aufgaben sein. Der Kampf für deutsche Kultur gegen den immer noch in Deutschland mächtigen Geist der Zersetzung, kann nur dann zum Erfolge führen, wenn wir der Kunst und den Künstlern deutschen Geistes Lebensraum und Widerhall für ihre Werke sichern.«

Mit dem Bau beauftragt war der Eisenacher Architekt Hermann Fischer-Barnicol, dessen Entwurf neben einer Bühne mit Platz für bis zu 600 Schauspieler und einem Orchestergraben für 80 Musiker auch eine Ehrenhalle für deutsche Dichter und eine Erweiterung der Sitzplätze auf 10.000 bis 12.000 vorsah.

Als hätte der Himmel über die Geisteshaltung der Nationalsozialisten geweint, war das Auftaktjahr 1933 völlig verregnet, das Ganze ein finanzielles Fiasko. In den Folgejahren ebbten die Bestrebungen auf der Waldbühne ab, auch nach dem Krieg fanden nur noch vereinzelte Veranstaltungen statt. Heute sind davon nur noch die so idyllisch wirkenden, halb verwitterten Stufen am Hang und der eingefallene Orchestergraben zu erkennen.

Mike Durlacher

....

So geht's zu den Stufen:

Die Stufen befinden sich am Weg vom Hotel Haus Hainstein in Richtung der Eselstation an der Wartburg auf der linken Seite.

43

Velsbachstein

Streit ums Erbe

V ögel fliegen, Drachen fliegen und Flugzeuge auch. Aber Ratsherren? Davon hat sicherlich noch niemand gehört. Und doch steht unweit der Wartburg bei Eisenach ein Stein, der an einen fliegenden Ratsherrn erinnert. Dieser unternahm seinen Flug allerdings alles andere als freiwillig, denn er wurde auf eine Blide – das ist ein mittelalterliches Katapult – geschnallt und von der Wartburg herab ins Tal geschleudert. „Zwei Mal soll er das auf wundersame Weise überlebt haben, beim dritten Mal starb er", weiß der Vorsitzende des Geschichtsvereins Eisenach, Michael Kellner, von der Geschichte zu berichten, die mit Anekdoten und Sagenhaftem angereichert ist.

Fakt ist, dass zu jener Zeit, als der Ratsherr seinen unfreiwilligen Flug unternahm, in Thüringen erbittert gekämpft wurde: Die Geschichte beginnt damit, dass der Landgraf von Thüringen, Heinrich Raspe (1204-1247), obwohl er dreimal verheiratet war, ohne männliche Nachkommen blieb. Um dennoch seine Nachfolge zu regeln, erwirkte er, dass sein Neffe Heinrich der III. Markgraf

> *„Zwei Mal soll er das auf wundersame Weise überlebt haben, beim dritten Mal starb er."*

von Meißen (1215-1288) seinen Platz einnehmen sollte. Doch seine Nichte Sophie von Brabant (1224-1275) wollte die beträchtlichen Ländereien für ihren Sohn Heinrich I. – das Kind von Brabant genannt – sichern. In der Folge entbrannte der thüringisch-hessische Erbfolgestreit, der 17 Jahre lang wütete und auch die Wartburgregion in Atem hielt: Die Stadt Eisenach hielt zu Sophie, die als Tochter der heiligen Elisabeth (1207-1231) in der Stadt sehr beliebt war (siehe Geheimnis 49). „Die Wartburg war aber in den Händen des Markgrafen, die derselbe mit einer starken Besatzung versehen hatte", schreibt Johann Wilhelm Storch 1837 in der *Topographisch-historischen Beschreibung der Stadt Eisenach.* Die Eisenacher versuchten ihm deshalb mit der Erbauung der Eisenacher- und der Frauenburg die Zufuhr von Lebensmitteln abzuschneiden.

Heinrich III. konnte sich aber trotz des Belagerungsrings in der Wartburg halten. Und mehr noch: „Als Markgraf Heinrich ein starkes Heer versammelt hatte, rückte er damit 1262 in die hiesige Gegend und eroberte in Pauli Bekehrungsnacht die Stadt Eisenach und die stolze uralte Burg den Metilstein", schreibt Storch weiter. Diese Nacht des 25. Januar muss eine besonders stürmische gewesen sein, das Wetter wird maßgeblich zum Erfolg der Eroberung beigetragen haben.

> *„Als Markgraf Heinrich ein starkes Heer versammelt hatte, rückte er damit 1262 in die hiesige Gegend und eroberte in der Pauli Bekehrungsnacht die Stadt Eisenach und die stolze uralte Burg den Metilstein."*

„Damit konnte Heinrich III. die Wartburg entsetzen, und obwohl die Stadt ihm solchen Widerstand geleistet hatte, verschonte er sie und ihre Bürger", erzählt Michael Kellner.

Doch den Rädelsführern und dem Ratsherrn Velsbach war er weniger milde gesinnt. Dieser hatte besonders heftig gegen den Markgrafen gewettert, und deshalb statuierte Heinrich III. ein Exempel an ihm. Er ließ die Blide, mit der die Eisenacher gewaltige Steinbrocken gegen die Wartburg geschossen hatten, auf die Wartburg bringen. Dann soll er Heinrich Velsbach – der Sage nach drei Mal – von der Burg heruntergeschleudert haben, „wobei dieser der brabantischen Partei ganz ergebene hartnäckige Mann während des Wurfs doch noch gerufen haben soll: ‚Das Land gehört doch dem Kinde von Brabant'", gibt Storch die Sage wieder.

Eisenach ging also durch die Eroberung an Heinrich III. Ein wirkliches Ende fand der Konflikt, als 1263 in einer Schlacht bei Beesenstedt ein Verbündeter Sophies geschlagen und anschließend gefangen genommen wurde. Daraufhin verzichtete sie auf ihre Ansprüche in Thüringen. Im Gegenzug fiel Hessen an Sophies Sohn Heinrich I. (1244-1308), „daher wird Sophie oft auch als Stammmutter des Hauses Hessen bezeichnet", weiß Kellner.

Heute erinnert der Velsbachstein in der Nähe des Fahrwegs zur Wartburg hinauf an den Ort, wo der treue Ratsherr aufgeschlagen sein soll. Dass er mit der Blide von der Wartburg geschleudert wurde, ist in alten Ratsverzeichnissen belegt – wobei das mehrmalige Wiederholen dieses Vorgangs und der Ausruf, dass das Land doch dem Kinde von Brabant gehöre, eindeutig im Sagenreich angesiedelt sind.

„Daher wird Sophie oft auch als Stammmutter des Hauses Hessen bezeichnet."

Der Stein, der an das grausige Ereignis erinnert, stammt wohl nicht aus jener Zeit. „Er wurde vermutlich erst im 19. Jahrhundert, als man die Wartburg-Landschaft mit allerlei historischen Sehenswürdigkeiten ‚verschönte', am Berghang [an die Stelle] gesetzt, die mit der Erinnerung an den Tod des Ratsherren verbunden war", schreibt Reiner Hohberg in einem Artikel in der *Thüringer Allgemeinen*.

Doch auch wenn nicht alles daran der Wahrheit entspricht und vieles ausgeschmückt wurde: Schaurig ist die Geschichte allemal. Und sie belegt: In Eisenach können nicht nur Vögel fliegen, sondern auch Ratsherren.

Mike Durlacher

So geht's zum Velsbachstein:

Der Velsbachstein befindet sich neben dem Weg, der zur Wartburg führt, auf Höhe des Hotelparkplatzes.

||

Epitaph
Harfenistin im Exil

W ie praktisch: Wer des Französischen nicht mächtig ist,
bekommt auf dem Epitaph gleich noch die Übersetzung
serviert. „Interessanterweise steht auf dem linken Bogen
die Inschrift in Französisch und auf dem rechten eine
Übersetzung ins Deutsche", sagt Gästeführerin Alexandra Husemeyer
mit Blick auf die riesigen, wandfüllenden Sandsteintafeln, „deshalb ist
es auch so groß geraten." Gewidmet ist es der Mozartschülerin Marie-
Louise-Philippine de Bonnières de Guines (1759-1795).

Die Pariserin war 1789 als Flüchtling mit ihrem Sohn nach Eisenach
gekommen, wo sie Schutz vor der Verfolgung durch die Französische
Revolution (1789-1799) suchte: In der Zeit der Schreckensherrschaft
Maximilien Robespierres (1758-1794) wurden die Adeligen reihen-
weise zur Guillotine geführt. Marie-Louises Vater, Adrien-Louis de
Bonnières, Herzog de Guines (1735-1806), flüchtete nach England, er

kehrte später unter Napoleon Bonaparte (1769-1821) nach Frankreich zurück.

1778, als die Welt in Paris noch in Ordnung gewesen war, war Marie-Louise-Philippine als junges Mädchen Mozart begegnet: Wolfgang Amadeus Mozart finanzierte sich seinen Aufenthalt in der französischen Hauptstadt unter anderem damit, dass er Unterrichtsstunden erteilte. Marie-Louises Vater, seines Zeichens königlicher Botschafter und begeisterter Flötenspieler, ließ es sich nicht nehmen, den Komponisten zu verpflichten, seine Tochter an der Harfe – ein Instrument, mit dem sich Mozart nie so richtig anfreunden konnte – zu unterrichten. Der Herzog soll nach Mozarts Aussage „unvergleichlich die Flöte, seine Tochter ‚magnifique die Harpfe'", gespielt haben, wie Rudolph Angermüller in seinem Buch *Florilegium Pratense: Mozart, seine Zeit, seine Nachwelt* angibt. Auch komponierte der Virtuose das Konzert für Flöte, Harfe und Orchester (KV 299) für den Mäzen und seine Tochter, ein zu der Zeit modernes Stück Salonmusik, heitere und elegante Gesellschaftsmusik.

„Mit diesem Werk und Marie-Louise gibt es also auch ein bisschen Mozart in der Bach-Stadt Eisenach."

„Mit diesem Werk und Marie-Louise gibt es also auch ein bisschen Mozart in der Bach-Stadt Eisenach", freut sich die Gästeführerin.

In Eisenach selbst tat die Pariserin mit ihrem Vermögen viel Gutes, indem sie zum Beispiel den Armen half. „Sie war sehr beliebt und bereicherte die Stadt mit ihrer Anwesenheit ungemein", erzählt Alexandra Husemeyer. Daher ließ es sich Herzog Carl August von Sachsen-Weimar-Eisenach (1757-1828) nicht nehmen, für sie dieses Epitaph zu errichten. Der Anfang des Textes beschreibt sie in Versalien wie folgt:

Tugend Anmuth Talente Reize des Geistes und Koerpers Vernunft Gute Gleichmuth mütterliche Zärtlichkeit kindliche Liebe Ehr Tugenden Alles ist dahin! Auch soll sie *sichtbare Spuren* in allen *gefuhlvolle*(n) *Herzen* hinterlassen haben. Was folgt, ist eine Beschreibung ihres Kummers um den geliebten Gatten: Armand Charles Augustin de La Croix, Herzog de Castries (1756-1842) kämpfte als Offizier gegen die Revolution. Er war *entfernt von Ihr und gebunden von strengen Gesetzen der*

Pflicht vernahm nicht die letzten Seufzer einer sterbenden Gattin.
Ganz unten schließlich befindet sich auf dem Epitaph noch eine interessante Stelle. Hier steht ihr letzer Wille geschrieben: *Solange dieses Denkmal stehen wird, soll den 9. Oktob. jedes Jahres vor der ihm nächsten Thüre dieser Kirche, unter eine bestimmte Anzahl Dürftige aus der Stadt Brod und Fleisch ausgetheilt werden. Diese Stiftung erhalte denn um desto unwandelbarer das Andenken der Vortrefflichen, die in ihrem Leben so mildthätig war und sey als Zeuge so vielen Tugenden namentlich der Wohlthätigkeit geweiht.*

Diese Stiftung, dank der die Armen an Marie-Louises Todestag gespeist werden, gibt es schon lange nicht mehr. „Das ist schade und es wäre ziemlich schön, wenn sich ein Fleischer finden würde, der das wiederaufleben lassen oder ein Fest daraus machen würde", findet Alexandra Husemeyer.

Es wäre ein Beispiel dafür, dass sich die Eisenacher um die Hilflosen und Bedürftigen kümmern, seien es Einheimische oder Fremde, die ohne Mittel in die Stadt kamen. Selbst die Inschrift spricht *ihr lautes dankvolles Lob der edelsten und ehrwürdigsten Gastfreundschaft aus, die verbannten, aber treuen Flüchtlingen zu gewandt ist.* Alexandra Husemeyer findet: „Das macht die Grabplatte gerade in Zeiten wie diesen wieder aktuell."

Mike Durlacher

So geht's zum Epitaph:

Das Epitaph befindet sich links in der Eingangshalle der Georgenkirche am Marktplatz.

Bronzerelief
Ein Kleriker im Jagdgewand

Wer das Lutherdenkmal auf dem Karlsplatz umrundet, kann auf verschiedenen Tafeln die Lebensstationen Martin Luthers (1483-1546) in Eisenach erkennen. Alles bekannte Szenen: Luther als Schüler auf der Westseite, im Norden die Inschrift *Ein feste Burg ist unser Gott*, „eines der bekanntesten Kirchenlieder von Luther und auch sein Lebensmotto", wie Cornelia Braun erklärt.

An einer der mannigfaltigen Darstellungen verweilt das Auge aber, und der Betrachter kommt ins Grübeln: Luther ist hier im Jagdgewand und mit einer Armbrust dargestellt. Die Gästeführerin hat auch dafür eine Erklärung: „Der Bildhauer Adolf von Donndorf bildet Luther als *Junker Jörg* ab." Um verständlich zu machen, warum Donndorf (1835-1916) diese ansonsten für das Leben Luthers ungewöhnliche Darstellungsweise wählte, muss die Eisenacherin etwas weiter ausholen: „Der Grundstein dazu wird im Jahre 1517 gelegt", beginnt sie zu erzählen. Luther schlägt in ebenjenem Jahr seine 95 Thesen gegen den Ablasshandel an die Schlosskirche in Wittenberg an, um eine theologische Diskussion anzuregen. Und auch im Anschluss daran veröffentlicht er Schriften, die sich kritisch mit der Kirche auseinandersetzen. Deren rasche Verbreitung wird durch den neu erfundenen Buchdruck unterstützt. Die römisch-katholische Kirche leitet eine Untersuchung wegen Ketzerei ein. An einen Widerruf seiner Thesen denkt Luther aber ganz und gar nicht. Im Gegenteil, er zweifelt bei einem Streitgespräch mit dem Ingolstädter Theologieprofessor Johannes Eck (1486-1543) in der Leipziger Universität sogar die alleinige Lehrautorität des Papstes an. Dieser reagiert im Juni 1520 mit einer Bannandrohungsbulle, die Luther öffentlich verbrennt.

„Im Januar 1521 spitzten sich die Ereignisse noch weiter zu", erzählt die Eisenacherin weiter. „Papst Leo X. verhängt den Kirchenbann über Luther. Noch zwei Jahre zuvor hätte das für Luther den sicheren Tod bedeutet", ordnet die Gästeführerin die Lage ein. Doch inzwischen steht einem Ketzer ein Ächtungsverfahren zu. Will heißen: Bevor die weltlichen Autoritäten gegen ihn vorgehen können, muss der Kaiser die Reichsacht über ihn aussprechen. Der Klerus hofft auf ein Verfahren ohne die Beteiligung Luthers: Es soll kurzer Prozess gemacht werden. Der Reformator soll in Abwesenheit verurteilt, seine Schriften verbrannt, er selbst festgenommen und nach Rom überstellt werden. Dagegen allerdings wehren sich die Landesherren unter der Führung von Kurfürst Friedrich dem Weisen von Sachsen (1463-1525). Sie fordern, Luther solle gehört werden. Friedrichs Hartnäckigkeit in den Verhandlungen zeigt Wirkung, unterstützt wird er durch die deutliche Position zahlreicher Reichsstände und die Stimmung in der Öffentlichkeit. Unter dem immer stärker werdenden Druck gibt Kaiser Karl V. (1500-1558) nach, er zitiert Luther nach Worms und sichert ihm freies Geleit zu.

So macht sich Luther Anfang April auf den Weg und erfährt bei seinen Predigten in Erfurt, Gotha und Eisenach auf seiner insgesamt knapp 600 Kilometer langen Reise von Wittenberg nach Worms viel Zuspruch. Selbst in Worms begrüßen ihn mehr als 2.000 Menschen begeistert. Kaiser Karl hofft, Luther zum Widerruf seiner Thesen bewegen zu können. Luther bittet um Bedenkzeit: „Damit ich ohne Gefahr für meine Seligkeit auf die Frage richtig antworte." Karl gewährt sie ihm. Bereits am nächsten Abend findet Luther deutliche Worte: „Ich kann und will nicht widerrufen, weil weder sicher noch geraten ist, etwas wider das Gewissen zu tun. Es sei denn, dass ich mit Zeugnissen der Heiligen Schrift oder mit öffentlichen, klaren und hellen Gründen und Ursachen widerlegt werde", erklärt er. Und weiter: „Denn ich glaube weder dem Papst noch den Konzilien allein, weil es offensichtlich ist, dass sie oft geirrt und sich selbst widersprochen haben. Gott helfe mir. Amen."

Diese Aussage nimmt Kaiser Karl zum Anlass, das Verfahren abzubrechen: „Denn es ist sicher, dass ein einzelner Mönch in seiner Meinung irrt, wenn diese gegen die der ganzen Christenheit, wie sie seit mehr als tausend Jahren gelehrt wird, steht." Er unterstreicht seine Haltung noch: „Deshalb bin ich fest entschlossen, an diese Sache meine Reiche und Herrschaften, meinen Leib, mein Blut und meine Seele zu setzen." Daraufhin verlässt Luther den Saal.

Cornelia Braun kennt die Lebensstationen von Martin Luther – insbesondere die in Eisenach.

Geächtet ist er nun und gebannt, aber noch nicht verhaftet. „Der erlassene Schutzbrief sicherte ihm 21 Tage freies Geleit zu", erläutert Cornelia Braun. Trotzdem ist er als Vogelfreier und Rechtloser in Lebensgefahr. Auf seiner Rückreise von Worms nach Wittenberg macht Luther in Eisenach nochmals Station und predigt auch in der Georgen-Kirche am Markt. „Einen Tag später, am 3. Mai, macht er einen Abstecher zu seiner Großmutter und seiner Verwandtschaft im nahegelegenen Möhra." Der Geburtsort seines Vaters liegt ungefähr 19 Kilometer von Eisenach entfernt. Luther bricht nach seiner Predigt am Dorfanger wieder auf – und dann kommt es zu einem denkwürdigen Ereignis: Am Nachmittag des 4. Mai 1521 zwischen 16 und 17 Uhr werden Luther und seine Weggefährten überfallen. Sie wollen gerade den damaligen Glasbachgrund – den heutigen

Luthergrund – passieren, als Reiter aus dem Wald heransprengen. Die Wagen der Reisegesellschaft werden angehalten. Es findet eine Befragung statt und schnell wird klar, wen sie suchen: Luther. Dieser gibt sich zu erkennen und wird entführt. Nach dem Überfall bricht unter den Zurückgebliebenen Panik aus. „Luther ist entführt! Um Himmels Willen, womöglich ist er tot!", stellt die Eisenacherin die unmittelbaren Reaktionen dar und ergänzt: „Die ganze Welt beweinte ihn."

Nur einer bleibt erstaunlich ruhig – sein bester Freund Nikolaus von Amsdorf (1483-1565), der mit Luther im Wagen gesessen hatte. Und das hat einen guten Grund: Der Überfall war fingiert, Martin Luther wurde nicht verhaftet, er floh. Und von Amsdorf wusste Bescheid. Initiator der Flucht ist sein Landesfürst, Friedrich der Weise von Sachsen. Dank der allgemeinen Verwirrung kann er Luther über Umwege auf die Wartburg bringen lassen und so seine Sicherheit gewährleisten. „Gegen Mitternacht kam Luther auf der Wartburg an und nur der Burghauptmann wusste, welche Person sich hinter dem Gast verbirgt", schildert die Gästeführerin die Umstände seiner Ankunft.

Geplant ist, dass Luther sich für einige Wochen auf der Wartburg versteckt halten soll. Um unerkannt zu bleiben, verändert er sein Äußeres: Er lässt sich einen Bart stehen und trägt Ritterkleidung. „Und genau in dieser Verkleidung ist er auf der Tafel dargestellt", schließt Cornelia Braun den Kreis zu der Abbildung in Eisenach.

Als Junker Jörg lebte Luther unerkannt zehn Monate lang auf der Burg. „Doch er gab sich nicht dem Müßiggang hin, sondern übertrug dort das Neue Testament vom griechischen Urtext ins Deutsche und legte damit den Grundstein für unsere deutsche Schriftsprache", unterstreicht die Expertin.

Luther verwendete ein volkstümliches Deutsch, das von jedem verstanden werden konnte. Das war ihm eine Herzensangelegenheit. Doch dieser Anspruch stellte ihn auch vor erhebliche Probleme, schließlich musste er den Text aus dem Griechischen auf adäquate Art ins Deutsche übersetzen. Und so kam es, dass Luther viele neue Ausdrücke kreierte: Perlen vor die Säue werfen, der Wolf im Schafspelz, den Kopf in den Sand stecken, wie Sand am Meer, eine Wissenslücke, Schandfleck und Lästermaul – all das sind Redewendungen und Begriffe, die auf ihn zurückgehen. „Und kein Geringerer als Goethe meinte, erst durch Luther seien die Deutschen ein Volk geworden. Er schuf mit seiner Bibelübersetzung eine deutsche Hochsprache, die überall verstanden wurde – über alle Dialekte hinweg – und die dann von der geschriebenen Form Einzug ins Gesprochene nahm", ergänzt die Eisenacherin.

Martin Luther ist fleißig: Zehn Wochen dauert es, bis er die Übersetzung des Neuen Testaments abgeschlossen hat. Doch er kann sich nicht nur dem Übersetzen und dem Schreiben widmen, schließlich muss er auch als Ritter an Tafeln und Jagden teilnehmen. *Seine* Welt ist das allerdings nicht: Weder wurde er mit den anderen Rittern warm noch sie mit ihm. Ganz im Gegenteil, sie hielten ihn für einen komischen Kauz und trieben so manchen Schabernack mit ihm. „Er soll mal wieder nachts andächtig über der Bibel gesessen haben, und da haben die anderen Ritter einen Sack Nüsse genommen und diesen dann so richtig geschüttelt und gerüttelt. Und da Luther an den Teufel glaubte – wie in der damaligen Zeit üblich – haben sie ihm einen richtigen Schrecken eingejagt", erzählt die Gästeführerin. Weil Luther sich ständig vom Teufel verfolgt fühlt, haben die Ritter leichtes Spiel mit dem vermeintlichen Junker Jörg. Er hat fast schon panische Angst davor, dass der Teufel ihm überall auflauere, um ihn zu bestrafen.

„Er schuf mit seiner Bibelübersetzung eine deutsche Hochsprache, die überall verstanden wurde."

Mit der vorgetäuschten Entführung ebbt das Interesse an Luther und seinen Thesen indes nicht ab, eher im Gegenteil, die von Luther angestoßene Kritik an der Kirche radikalisiert sich und äußert sich unter anderem im Bildersturm zu Wittenberg.

Um den radikaleren Kräften der Reformation Einhalt zu gebieten, lässt Luther seine Tarnung schließlich fallen und begibt sich im März 1522 nach Wittenberg. Auch in den folgenden Jahren bleibt neben dem Kirchenbann – der niemals aufgehoben wurde – die von Kaiser Karl V. ausgesprochene Reichsacht gültig. Zwar wird ihre Umsetzung auf dem Reichstag zu Speyer 1526 den Fürsten anheimgestellt: Sie sollten es damit halten, wie sie es vor Gott und dem Kaiser verantworten könnten. Folglich unternehmen lutherisch gesonnene Reichsstände nichts dergleichen. Als aber 1529 auf dem folgenden Reichstag in Speyer dieser freilassende Reichsabschied – sprich diese Regelung von 1526 – auf Anordnung des Kaisers durch die Mehrheit der Reichsstände aufgehoben wird, protestieren die Reichsfürsten, die sich der lutherischen Reformation angeschlossen hatten, dagegen. Diese evangelischen Fürsten verfassen eine Protestationsschrift, die jedoch vom Reichstag bei dessen Schlusssitzung übergangen wird. Seitdem nennt man sie *Protestanten*.

Obwohl dieses Damoklesschwert zeitlebens über Luther schwebt, wird er nie verhaftet, sondern stirbt mit 62 Jahren an einem Herzanfall. Übrigens: Die Rolle, in die Luther als Junker Jörg schlüpfte, ist nicht zufällig gewählt. *Junker* bedeutet Ritter, und *Jörg* ist die Abkürzung für Georg – den Schutzpatron des Landesherrn und der Stadt Eisenach.

Melanie Kunze

So geht's zum Bronzerelief:

Das östliche Bronzerelief am Lutherdenkmal auf dem Karlsplatz zeigt Martin Luther als Junker Jörg.

Mit der Säge in der Hand deutet Ines Falkenhain auf das Relief über dem Fenster. Auch dort wird kräftig gesägt.

Max und Moritz

Fassadenschmuck mit Hintersinn

Irgendwann ist er Gästeführerin Ines Falkenhain auf einem ihrer Spaziergänge aufgefallen: der ungewöhnliche Schmuck an der prachtvollen Jugendstilvilla in der Johannisstraße. Über einem Fenster sind zwei freche Jungs, die offenbar einen Streich aushecken, auf einem Relief dargestellt. „Ich wusste sofort, dass es sich bei den beiden Kleinen um Max und Moritz handelt", sagt sie.

Denn als sie die Lauser entdeckte, schoss ihr ein Satz aus dem dritten Streich der beiden durch den Kopf: „Max und Moritz, gar nicht träge, sägen heimlich mit der Säge, Ritzeratze! voller Tücke, in die Brücke eine Lücke", zitiert Ines Falkenhain aus Wilhelm Buschs bekanntem Werk. „Ich war so begeistert von dem Relief, dass ich unbedingt mehr darüber wissen wollte", verrät die Gästeführerin. „Mich interessierte auch der Bauherr, der so viel Humor hatte, den Lausbubenstreich hier darzustellen."

Doch dieses Unterfangen erwies sich als gar nicht so einfach: „Zwar gibt es eine dicke Bauakte, aber leider findet sich darin gerade zum eigentlichen Bauherrn gar nichts – und auch nicht zu der reliefartigen Verzierung an der Hausfassade", schildert Ines Falkenhain ihren vergeblichen Versuch. Entmutigen ließ sie sich aber davon nicht, sondern überlegte, wer vielleicht sonst noch Informationen haben könnte.

Das Naheliegende: Wenn jemand etwas weiß, dann die Bewohner des Hauses. So fasste sie sich ein Herz, klingelte und bekam nicht nur Antwort auf ihre Frage, sondern auch gleich noch die Einladung, das Zimmer hinter dem Fenster in Augenschein zu nehmen: ein Kinderzimmer. „Ich war verblüfft darüber, wie naheliegend die Lösung war", lacht sie. „Wer heute ein Kinderzimmer einrichtet, dem stehen viele Möglichkeiten für allerlei Wandschmuck offen. Und Kinder haben auch Lieblingsfiguren, mit denen Eltern die Kinderzimmer gern mal dekorieren."

„Ich war verblüfft darüber, wie naheliegend die Lösung war."

Das war zur Erbauungszeit des Hauses um die Jahrhundertwende nicht anders: „Hinter dem Fenster unterhalb des Reliefs von Max und Moritz lag auch damals schon das Kinderzimmer", lüftet die Wahleisenacherin das Geheimnis. Als Vorbild sollten die beiden frechen Jungs den hier wohnenden Kindern aber sicher nicht dienen – und den heutigen kleinen Bewohnern auch nicht.

Melanie Kunze

So geht's zur Verzierung:

Das Relief der beiden Lausbuben befindet sich oberhalb des Balkons auf der linken Seite über einem Fenster an der Jugendstilfassade der Johannisstraße 9.

Michael Kellner steht am Brunnen, der Stelle, an der eines der durch die Explosion zerstörten Häuser stand.

Schwarzer Brunnen
Unpässlichkeit rettete ihr das Leben

Kopfschmerzen gehören zu den weniger angenehmen Dingen im Leben. Doch am 1. September 1810 retteten sie Julie Freifrau von Bechtolsheim (1751-1847) das Leben. „Sie war wegen Unpässlichkeit an diesem Tag nicht zu ihrem Literaturzirkel in der Wydenbrugkstraße gegangen, den sie leitete", weiß Michael Kellner, Vorsitzender des Geschichtsvereins Eisenach. Und dass diese Unpässlichkeit sich für sie als so überaus vorteilhaft erwies, hatte durchaus einen sehr triftigen Grund: „Etwa dort, wo sich die Alexanderstraße und die Georgenstraße gabeln, sind an besagtem Tag drei schwere Karren explodiert, die randvoll mit Munition und Schwarzpulver beladen waren", erklärt er – und eben dort wäre sie zu dem Zeitpunkt eingetroffen.

An dieses Ereignis erinnert heute noch ein Brunnen mit gusseisernen schwarzen Wänden und Kanonenkugeln an der Brunnensäule.

Er steht genau an der Stelle, an der sich die Katastrophe zutrug. Einige Häuser stürzten ein, 14 weitere brannten lichterloh, viele wurden schwer beschädigt. Die Detonation muss so heftig gewesen sein, dass sogar oben auf der Wartburg Fensterscheiben zerbarsten. 60 Eisenacher verloren bei dem Unglück ihr Leben, darunter auch einige der Frauen des Literaturzirkels, die sich schon am Treffpunkt eingefunden hatten, auch die französische Eskorte der Wagen kam um. „[…] die einheimischen Bewohner wurden erschlagen, unter den Trümmern begraben und bei dem Aufräumen von einigen [Bewohnern] zum Theil nur noch sehr wenige Reste von Knochen aufgefunden", wie Johann Friedrich Storch in seinem Buch *Topographisch-historische Beschreibung der Stadt Eisenach* berichtet. Fünf Gothaer Fuhrleute und neun Franzosen ließen ebenfalls ihr Leben, ein frisch verheiratetes Paar soll auch unter den Opfern gewesen sein.

Auf der Wartburg gab es zusätzlich noch einen Schwerverwundeten. Denn ein Kanonier, der oben auf der Wartburg die Alarmkanone bediente, feuerte Alarmschüsse ab, um umliegende Feuerwehren zu Hilfe zu rufen, etwa aus Gotha, die nach zwei Stunden eintrafen. Der Mann feuerte einen Schuss nach dem anderen ab, doch beim 34. Knall war das Kanonenrohr so heiß geworden, dass die Pulverladung im Rohr explodierte, das Rohr barst und dem Kanonier wurde das Bein zerschmettert.

„Was das Pulver zur Explosion gebracht hatte, ist nicht gesichert. Die Tabakpfeife des Kutschers, die Hufeisen auf dem Kopfsteinpflaster, man weiß es nicht. Und eigentlich hätten die Munitionswagen, 13 an der Zahl, gar nicht durch die Stadt transportiert werden dürfen, eben wegen der Explosionsgefahr."

Die Brände konnten unter Kontrolle gebracht werden, allerdings war enormer Schaden entstanden. „Was das Pulver zur Explosion gebracht hatte, ist nicht gesichert. Die Tabakpfeife des Kutschers, die Hufeisen auf dem Kopfsteinpflaster, man weiß es nicht", erzählt Michael Kellner, „und eigentlich hätten die Munitionswagen, 13 an der Zahl, gar nicht durch die Stadt transportiert werden dürfen, eben wegen der Explosionsgefahr." Aber für die Fuhrleute war es einfach bequemer, den Weg durch die Stadt zu nehmen.

Die Katastrophe hätte aber noch weit größer werden können. Denn als der Wagen explodierte, waren ja noch andere Wagen auf der Straße, ebenfalls randvoll mit Munition und Schwarzpulver. Diese drohten nun, von brennenden Häusern umringt, ebenfalls zu explodieren. Die Wägen, die vor dem explodierten Munitionswagen standen, konnten noch rechtzeitig wegfahren, doch die dahinter steckten fest, die Straße war zu eng, um mit den schweren Wagen wenden zu können. Die Zugpferde waren durch die Detonation entweder tot oder betäubt, konnten also nicht eingesetzt werden. Daher sammelten sich einige heldenhafte Eisenacher, die die Pferde kurzerhand von den Wagen schnitten und unter Einsatz ihres Lebens die tonnenschweren Karren aus der Gefahrenzone schoben, sich immer der Gefahr bewusst, gleich womöglich selbst in die Luft zu fliegen. Doch: Die Rettungsaktion glückte, und noch Schlimmeres konnte verhindert werden.

„Sie gehörten zu Napoleon Bonapartes Besatzungsmacht und waren auf dem Weg von Magdeburg nach Mainz, um von dort aus neu verteilt zu werden."

Aber was hatten die Karren mit ihrer explosiven Ladung überhaupt in Eisenach zu suchen? „Sie gehörten zu Napoleon Bonapartes Besatzungsmacht und waren auf dem Weg von Magdeburg nach Mainz, um von dort aus neu verteilt zu werden", be-richtet Michael Kellner. Für den Weg nach Westen in Richtung Mainz nahmen die Munitionswagen die Via Regia und kamen daher auch durch Eisenach. Eine französische Eskorte begleitete sie.

„Zum traurigen Andenken dieses schrecklichen Ereignisses, wo Eltern ihre Kinder und diese ihre Eltern und Geschwister verloren, werden an diesem Tage auf dem Unglücksplatze von dem hiesigen Schülerchor einige geistliche Lieder gesungen", berichtet Storch in seinem 1834 erschienenen Buch.

Die Anteilnahme an dieser Tragödie war groß, sogar über die Grenzen des Herzogtums hinaus. Napoleon (1769-1821) selbst spendete den Opfern über 32.000 Thaler, über 2.500 Thaler gab es zusätzlich von „auswärtige(n) Innungen", wie Storch es benannte, und sogar aus dem Ausland kamen etwas mehr als 1.000 Thaler zusammen. Der Schaden belief sich jedoch insgesamt auf 140.690 Thaler. Schon sieben Jahre später errichtete die Stadt an der Unglücksstelle einen aus gusseisernen Platten bestehenden Brunnen, der 1910 zum 100. Jahrestag der Katastrophe renoviert und umgestaltet wurde. Unter anderem wurden Eisenkugeln angebracht, die symbolisch an die Munitionswagen erinnern sollten. Noch heute werden zum Jahrestag des Unglücks die Glocken in der Stadt geläutet.

Julie Freifrau von Bechtolsheim entkam wegen ihrer Unpässlichkeit diesem Desaster, sie verbrachte den Tag in ihrem Palais am Jakobsplan, in dem auch Goethe schon mehrfach residiert hatte. Mit diesem unterhielt sie einen regen Briefverkehr, sie schickte ihm immer wieder ihre eigenen Werke und bat ihn um Rat und Meinung. Goethe nannte sie sein „Seelchen", „er war aber von ihren Werken weniger begeistert und soll ihr das auch durch die Blume mitgeteilt haben", erzählt Michael Kellner, „das sorgte für etwas Eiszeit." Trotzdem blieb das Bechtolsheim'sche Palais ein beliebter Treffpunkt für die soziale und geistige Elite, Julies Gatte war immerhin der Stellvertreter des Großherzogs in Eisenach. Julie lebte bis zu ihrem Tod am 12. Juli 1847 in Eisenach und hinterließ der Nachwelt eine Vielzahl von Gedichten, von denen viele nie entstanden wären, hätte sie an jenem verhängnisvollen Tag keine Kopfschmerzen gehabt.

Mike Durlacher

....

So geht's zum Schwarzen Brunnen:

Der Schwarze Brunnen befindet sich an der Gabelung der Alexander- und der Georgenstraße in der Georgenstraße 18-21.

Ina Conrad hat sich intensiv mit dem Cranach-
Denkmal und seiner Bedeutung beschäftigt.

15

Steinmedaillon

Hans Lucas, nicht Lucas

Ehrlich! Sie können hier unbesorgt spazieren gehen! Auch wenn im Gebüsch ein gar seltsames Untier lauert: eine Schlange mit Fledermausflügeln! Doch das Tier ist ziemlich unbeweglich – und damit ungefährlich, was seiner Beschaffenheit zuzuschreiben ist: Es ist aus Stein. „Beim genauen Hinsehen, kann man auch noch erkennen, dass die Schlange einen Ring im Maul trägt", sagt Gästeführerin Ina Conrad.

Das Untier befindet sich auf einem Gedenkstein, auf dem sich auch Inschriften erkennen lassen. Am oberen Rand des Medaillons steht *IN MEMORIAM*. Unterhalb der geflügelten Schlange wurde die Inschrift *JE GETREUER – JE GETROSTER / v. CRANACH* herausgemeißelt. „Neben der Widmung verweist auch die so dargestellte Schlange auf die Familie Cranach. Es handelt sich dabei um das Wappen der berühmten Maler- und Künstlerfamilie", erzählt Ina Conrad.

63

Kurfürst Friedrich III. (1463-1525), besser bekannt als Friedrich der Weise, berief 1505 Lucas Cranach den Älteren (um 1472-1553) als Hofmaler nach Wittenberg. Bereits drei Jahre später erhielt der begabte Künstler von dem Kurfürsten einen Wappenbrief, in dem ihm die geflügelte Schlange mit einem Rubinring als Familienwappen verliehen wurde. Der Maler verwendete dieses Symbol zukünftig auch, um seine Werke zu signieren. Seine Gemälde brachten ihm weit über den Tod hinaus Berühmtheit. Neben zahlreichen Altarwerken und allegorischen Gemälden fertigten er und seine Werkstatt vor allem auch eine große Zahl an Porträts seiner Dienstherren sowie des Reformators Martin Luther (1483-1546).

Mit dem Reformator verband Lucas Cranach eine tiefe Freundschaft. So war er Trauzeuge bei Luthers Vermählung mit Katharina von Bora (1499-1552) und Taufpate von Johannes, dem ältesten der drei Söhne Luthers. „Cranach war der Besitzer der Werkstatt, in der unter Anderem neben den Porträts von Luther dessen theologische Schriften gedruckt und eindrucksvoll verziert wurden", berichtet die Gästeführerin. Darunter war auch die Übersetzung des Neuen Testaments, die Luther als Junker Jörg (siehe Geheimnis 12) auf der Wartburg 1522 vollendet hatte.

Doch das Denkmal soll nicht an den großen Maler und Lutherfreund erinnern, sondern an einen seiner Nachfahren. „Und zwar an *Hans* Lucas von Cranach", klärt Ina Conrad auf. „Der war zwar nicht so berühmt wie sein Vorfahre, aber für Eisenach und die Wartburg trotzdem sehr bedeutend."

Hans Lucas trat 1875 als Fahnenjunker in die Preußische Armee ein und wurde ein Jahr später in Weimar stationiert. Dort lernte er Großherzog Carl Alexander von Sachsen-Weimar-Eisenach (1818-1901) kennen und wurde als dessen Ordonnanzoffizier – persönlicher Gehilfe – abkommandiert. „Er unterstützte den Großherzog bei der Erledigung der alltäglichen Aufgaben", erklärt Ina Conrad, „und reiste als Berater und Begleiter auf dessen Studienreisen immer wieder ins europäische Ausland." Natürlich hielt er sich an der Seite Carl Alexanders auch häufig auf der Wartburg auf. Hans Lucas lernte neben dem leitenden Architekten Hugo von Ritgen (1811-1889) auch den Burghauptmann Hermann von Arnswald kennen. Als der Burghauptmann

1894 starb, trat Hans Lucas von Cranach dessen Stelle auf der Wartburg an. „Für die Wartburg sollte er sich als Glücksfall erweisen", sagt die Gästeführerin. Neben seiner baulichen Tätigkeit bis 1914, wie zum Beispiel Hotelneubau und Umgestaltung der Außenanlagen, setzte er auf Öffentlichkeitsarbeit. Unter seiner Federführung entstanden über 100 Bildpostkarten, die das romantische Bild der Wartburg in alle Welt trugen. „Auch hochwertige Bildbände und Kunstführer sind dank ihm erschienen", zählt Ina Conrad weiter auf.

All das trug dazu bei, dass Cranach auch nach dem Ersten Weltkrieg und der Abdankung des letzten Großherzogs von Sachsen-Weimar-Eisenach seine Stellung behielt. Er war einer der Hauptinitiatoren der Wartburg-Stiftung und trug damit zum Fortbestand der wertvollen Kunstsammlung der Wartburg bei. Originale seines weltberühmten Vorfahren, die sich im Besitz von Hans Lucas von Cranach befanden, sicherte er der Wartburg-Stiftung durch Erbvertrag. So kann der Besucher der Burg auch die Ehebildnisse von Martin Luther und seiner Frau Katharina, die *Madonna mit der Weintraube* und das außergewöhnliche Gemälde *Junge Mutter mit dem Kind* bewundern.

„Doch sein Engagement reichte noch weiter, er war auch Mitbegründer des Thüringer Museums und des Reuter-Wagner-Museums in Eisenach", ergänzt Ina Conrad.

Übrigens: An einem Detail wird ganz deutlich, dass das Steinmedaillon dem Burghauptmann und nicht etwa seinem berühmten Vorfahren gewidmet wurde: Die Inschrift *JE GETREUER – JE GETROSTER* auf dem Cranach-Gedenkstein war sein Lebensmotto. Und das hat er ja in vielfältiger Weise unter Beweis gestellt.

Melanie Kunze

So geht's zum Steinmedaillon:

Das Medaillon steht auf halber Höhe vom Eisenacher Südstadtviertel der Wartburgallee folgend in Richtung Wartburg auf der linken Seite.

Bank

Auf dem Sprung

Auf dem Theaterplatz in Eisenach kann man neben einem berühmten Sohn der Stadt Platz nehmen: Ernst Abbe (1840-1905). „Die Bronzefigur wirkt, als sei sie auf dem Sprung", findet Gästeführerin Jeannette Hentschel, „und das passt auch zum Leben von Ernst Abbe."

Selbiges nahm in einfachen Verhältnissen seinen Anfang. Ernsts Vater Georg Adam Abbe war als Vorarbeiter in einer Spinnerei des Textilfabrikanten Julius von Eichel-Streiber (1820-1905) in Eisenach beschäftigt. Dass Ernst Abbe eine weiterführende Schule besuchen konnte, hatte er dem Arbeitgeber seines Vaters zu verdanken, der die Familie über den eigentlichen Lohn hinaus finanziell unterstützte. „Schon zu diesem Zeitpunkt zeigte sich das große naturwissenschaftliche Talent des Jungen", erzählt Jeannette Hentschel. Abbe studierte Mathematik, Physik, Astronomie und Philosophie in Jena und Göttingen. Gleichzeitig verdiente sich Ernst Abbe auch als Privatlehrer etwas dazu. Trotz aller Mühen wurde es in den Jahren 1858 und 1859 finanziell so eng, dass sein Studium in Gefahr war. Wieder half Julius von Eichel-Streiber aus und überbrückte die monetäre Zwangslage. Ernst Abbe konnte weiterstudieren. Zwei Jahre später promovierte er in Göttingen, weitere zwei Jahre darauf folgte seine Habilitation und er nahm eine Stelle als Privatdozent für Mathematische Physik an der Universität Jena an.

Und dann, es war im Jahr 1866, ein großer Wendepunkt: Der Unternehmer Carl Zeiß (1816-1888) bot Ernst Abbe an, die Fertigung seiner Mikroskope auf ein wissenschaftliches Fundament zu stellen. Ernst Abbe nahm an und schuf die wissenschaftlichen Grundlagen für die Herstellung optischer Geräte. Er formulierte die Gesetze, die in Linsen auf die Lichtstrahlen wirken, und entwickelte Formeln und Gleichungen, die wir bis heute anwenden. Wie wichtig der Beitrag Abbes für Carl Zeiß war, lässt sich daran erkennen, dass er ihm 1876 die Teilha-

Auge in Auge: Jeannette Hentschel mit dem großen Physiker Ernst Abbe.

berschaft an der Firma anbot. Mit Dr. Otto Schott (1851-1935) aus Witten an der Ruhr fanden sie den Partner, der das hochwertige Glas lieferte.

Obwohl Ernst Abbe mit der Teilhaberschaft bei der Firma Carl Zeiss zu Wohlstand kam, hatte er seine bescheidene Herkunft und die Lebens- und Arbeitsbedingungen seines Vaters nicht vergessen. Insbesondere der finanzielle Unterschied in den Einkünften zwischen Arbeitgebern und -nehmern stieß ihm auf. „Er hatte gesehen, wie sein Vater jeden Tag zehn bis zwölf Stunden schwer gearbeitet hatte und es trotzdem nicht reichte, um über die Runden zu kommen" , sagt Jeannette Hentschel.

Mit dem Tod des Firmengründers Carl Zeiß 1888 konkretisierten sich die Pläne Ernst Abbes, die Firma in eine Stiftung zu überführen, auch seine Anteile an der Firma von Otto Schott sollten Bestandteile dieser Stiftung werden. Doch von der Idee bis zur Realisierung war es ein langer Weg, Ernst Abbe musste sich erst die Genehmigungen beim großherzoglichen Staatsministerium in Weimar und der Universitätsstadt Jena einholen und zugleich Roderich Zeiß, dem Sohn und Erben von Carl Zeiß, dessen Anteile abkaufen.

Am 26. August 1896 war es dann so weit: Die Stiftung war auch juristisch in trockenen Tüchern und die Belegschaft wurde informiert. „Bei den Mitarbeitern war Abbe ohnehin beliebt: Er hatte ihre Arbeitsumstände verbessert, indem er ihnen ein Mitspracherecht gab und 1900 den Achtstundentag einführte", sagt Jeannette Hentschel und sie ergänzt:

„Bei den Mitarbeitern war Abbe ohnehin beliebt: Er hatte ihre Arbeitsumstände verbessert, indem er ihnen ein Mitspracherecht gab und 1900 den Achtstundentag einführte."

„Außerdem wurden sie am Gewinn des Unternehmens beteiligt, erhielten bezahlte Urlaubs- und Krankheitstage und eine Pension." Und zudem war Abbe ein großartiger Unternehmer. Er hat beispielsweise den Umsatz von 12.618 Mark (1862) auf 5.097.719 Mark (1904/05) gesteigert und die Zahl der Mitarbeiter von 25 in 1866 auf 1.363 Mitarbeiter in 1905 erhöht.

Als Ernst Abbe 1905 in Jena starb, nahm fast die gesamte Bevölkerung an den Trauerfeierlichkeiten teil. In einer Gedenksitzung der Deutschen Physikalischen Gesellschaft sagte Siegfried Czapski (1861-1907), sein langjähriger Mitarbeiter und Nachfolger: „Einer der Hauptantriebe von Ernst Abbe lag in folgender Überlegung: Die fortschreitende Ausbreitung der Industrie und damit des in ihr beschäftigten Personenkreises ist unaufhaltsam –

„Dass Ernst Abbe hier in Eile dargestellt wird, verwundert einen nicht. Schließlich hatte er immer viel zu tun und viele Ideen, die umgesetzt werden wollten."

also muss beizeiten dafür gesorgt werden, dass diese Personen vollwertige Mitglieder des Bürgertums bleiben oder werden und nicht etwa auf eine Stufe zum Helotentum, zur Halbsklaverei versinken." Er war ein großartiger Wissenschaftler, Sozialreformer und Unternehmer.

Doch zurück zu der Bronzestatue des gebürtigen Eisenachers auf der Bank: „Dass Ernst Abbe hier in Eile dargestellt wird, verwundert einen nicht", erklärt Jeannette Hentschel. „Schließlich hatte er immer viel zu tun und viele Ideen, die umgesetzt werden wollten." Übrigens: Bei der Einweihung des Denkmals am 4. Juni 2015 nahm ein ganz besonderer Eisenacher Platz neben dem großen Physiker: sein Großneffe Hartmut Lützelberger. Und für den hätte er sich sicher gerne Zeit genommen.

Melanie Kunze

So geht's zur Bank:

Die Bank mit der Bronzestatue von Ernst Abbe steht auf dem Theaterplatz.

An manchen Stellen wird es in der Drachenschlucht richtig eng – Margit Stephan stört das aber nicht.

17

Drachenschlucht

Sicherer Tritt und Marketing

Über Jahrmillionen hat sich das Wasser des Baches fast zehn Meter tief in die roten Felsen unterhalb der Wartburg gegraben und ein Naturschauspiel von faszinierender Schönheit geschaffen: die Drachenschlucht. Und von der zeigte sich schon der Autor Ferdinand Gustav Kühne beeindruckt. Er schrieb am 24. Oktober 1846 in seiner Zeitschrift *Europa. Chronik der gebildeten Welt*: „Wenn das Annathal immer in seinen erhabensten Gedanken noch die süße Melodie eines heimischen frischen Waldlebens durchklingen läßt, so durchbeben zwischen den Felsen des Drachen fast unheimliche und doch angenehme Schauer die Seele. [...] Die hohen Felsenriesen sind in ihrer ganzen ungeschmückten, schauerlichen Größe zusammengetreten und scheinen zuweilen in der engen hohen Spalte, durch welche man schreitet, über einander stürzen zu wollen." In solch einer Umgebung muss die Fantasie anfangen zu blühen. „Aus den dunklen, feuchten, fast immer tropfenden Wänden, die zuweilen zu Nischen sich gestalten, scheinen schauerliche Gestalten hervorzutreten", schreibt Kühne weiter.

„Der Name der Drachenschlucht geht auf Oberforstrat Gottlob König und das Jahr 1932 zurück", sagt Gästeführerin Margit Stephan. Nachdem der Oberforstrat die Schlucht gangbar gemacht hatte, war die Namensgebung erfolgt. Passend zur mystischen Stimmung, der man in der Schlucht nachspüren kann, rankt sich um ebenjene Namensgebung aber auch eine Legende: „Der Sage nach hat die Drachenschlucht ihren Namen vom Heiligen Georg und seinem Kampf mit dem Drachen bekommen. Ein vor den Mauern der Stadt lebender Drache soll mit seinem giftigen Atem

„Der Name der Drachenschlucht geht auf Oberforstrat Gottlob König und das Jahr 1932 zurück."

die Luft verpestet haben. Um sich zu schützen, mussten die Einwohner täglich Lämmer opfern. Doch der Hunger des Drachen, dargestellt als Lindwurm, war so groß, dass es bald keine Tiere mehr zu opfern gab. Nun mussten die Bürger der Stadt ihre Söhne und Töchter geben, es wurde gelost, wer sich für das Gemeinwohl hingeben solle. Es traf die Königstochter, die nach ihrem Abschied von den Eltern dem Drachen entgegenging, um verspeist zu werden. Doch Georg erschien und durchbohrte den geschuppten Unhold mit seiner Lanze. Die schöne Prinzessin war gerettet."

Die Königstochter zog den Drachen dann mit seinem Gürtel in die Stadt. Und so ist der Heilige Georg – der auch sehr von den Landgrafen verehrt wurde – in der Stadt Eisenach präsent: Auf dem Marktplatz befindet sich der Georgenbrunnen, gleich daneben die Georgenkirche, die Georgenschule, Georgenstraße und der Panzerreiter am Jakobsplan. Auch Martin Luther (1483-1546) nannte sich während seiner Zeit auf der Wartburg „Junker Jörg" nach dem Heiligen (siehe Geheimnis 12). Tatsächlich aber habe sich die Geschichte nicht in Eisenach zugetragen, sondern in Libyen, sagt die Eisenacherin.

Bei der Gangbarmachung der malerischen Schlucht hatte Oberforstrat König (1779-1849) mit einigen Schwierigkeiten zu kämpfen. In der engen Klamm – an der schmalsten Stelle ist die Schlucht nur 68 Zentimeter breit – ließ König Überbrückungen mit Holzknüppeln über dem Wasser des Steinbachs legen. Doch diese mussten immer wieder erneuert werden, da das Holz vermoderte oder schlichtweg vom wilden Fluss oder Steinschlag zerstört wurde. Zeitweise, wenn etwa Eiszapfen an den immer feuchten Felswänden hängen oder Hochwasser droht, ist die Schlucht sogar gesperrt. „Noch heute sind einige der Stellen mit Holzbrettern versehen, doch gerade in den engen Schluchtenteilen sind diese seit 2009 durch robuste Gitterroste aus Kunststoff ersetzt, die sicheren Tritt ermöglichen und gleichzeitig die Sicht auf das fließende Wasser erlauben“, beschreibt Margit Stephan die sicherheitstechnische Gestaltung der Wege. „König lag sehr viel an Waldästhetik und Öffentlichkeitsarbeit für den Wald, er schrieb sogar einen Artikel zur Poesie des Waldbaus.“

Verwunschen und wild. Kein Wunder, dass König dieser Schlucht den Drachen als Namenspatron gab.

König, der laut seinem Lehrbrief „zwey Jahre die Jägerey und Geometrie erlernet und sich während dieser Zeit durchaus rechtschaffen, gefällig und fleißig verhalten“ hat, diente zunächst beim Militär, begann dann seine Karriere in der Forstwirtschaft, wurde 1805 Förster in Ruhla bei Eisenach und gründete 1813 ein Privatforstinstitut. Der Naturliebhaber stieg weiter auf, er wurde Vorstand der Großherzoglichen Forsttaxations-Kommission und 1829 schließlich Mitglied des Oberforstamts in Eisenach, wohin er ein Jahr später auch zog, samt seiner Bildungseinrichtung, die mittlerweile zur Staatsanstalt erhoben worden war. König war wohl, wie Richard Heß in der *Allgemeinen Deutschen Biographie* schreibt, ein äußerst fokussierter und dabei kein gerade einfacher Mensch: „Sein ganzes Leben war allerdings bloß dem Walde und der Arbeit gewidmet. Strenge und ernsten Sinnes, von unbeugsamer Willenskraft erfüllt, zurückhaltend, fast mißtrauisch in seinem Wesen, sogar zu Schroffheit geneigt, forderte er von sich selbst am meisten."

Dieser immense Einsatz für die Wälder spiegelt sich auch in Königs Werk *Die Waldpflege aus der Natur u. Erfahrung neu aufgefasst: Der Forstbehandlung zweiter Theil* wider, in dem er die Wälder als „der Länder höchste Zierde" bezeichnet und so ihre Wichtigkeit unterstreicht. Nicht nur der Nutzen und Gewinn durch den Holzschlag – er war entschiedener Gegner des Kahlschlags – war für ihn wichtig. Auch die Ästhetik war eine seiner Prämissen. „(G)ewiss trägt er dadurch sehr Vieles zur Gesittung und Veredlung der Bewohner bei, was auf die Forste wohlthätig zurückwirkt", beschreibt König daher auch das Wirken des Försters. Und der Tourismus, heute würde man ihn in zu hohem Maße als eher schädlich für den Wald ansehen, war für König hierbei ein wichtiger Faktor, denn „(j)e mehr sie dem Wanderer anmuthigen Naturgenuß darbieten, desto mehr gewinnen sie Freunde, die zu ihrer Erhaltung als wahre Freunde in der Noth, auftreten werden gegen Alles, was der Wälder Wohl bedroht, und so auch gegen den beklagenswerthen Waldfrevel."

Denn frei nach König gesagt: Je mehr Menschen durch die Drachenschlucht wandern und sich für diese begeistern, desto mehr Menschen werden sich für sie einsetzen und für ihre Pflege kämpfen – auch wenn die einzigen Drachen in der Schlucht die kleinen Feuersalamander sind.

Mike Durlacher

So geht's zur Drachenschlucht:

Die Drachenschlucht befindet sich am Anfang des Annatals. Man erreicht sie, wenn man Eisenach auf der B19 Richtung Meiningen verlässt und ins Mariental fährt, am Prinzenteich vorbei, bis in einer leichten Linkskurve bei einem kleinen Tümpel der Wanderweg beginnt.

18

Steintafel

Von Luder zu Luther

So steht es auf der Steintafel links neben der Tür: *Martin Luther 1483-1546 Schüler 1498-1501*. Gästeführerin Cornelia Braun weiß aber, dass diese Tafel einen Fehler beinhaltet: „Luther ging zwar in Eisenach zur Schule, aber nicht in diesem Gebäude." Beim Anbringen der Tafel wollte man auf die lange, erfolgreiche Tradition der Lateinschule eingehen, die Luther besuchte.

Die Schulkarriere des späteren Reformators begann schon vor seiner Eisenacher Zeit: Er besuchte zunächst sowohl die Schule in Mansfeld als auch, ab 1496, die Magdeburger Domschule. Ein weiterführender Schulbesuch war zur damaligen Zeit nicht selbstverständlich. Doch Martin Luthers Vater, ein einfacher Bauernsohn, war ein fleißiger Mann, dem die Bildung seines Sohnes am Herzen lag und der alles daransetzte, sie ihm zu ermöglichen: Nachdem die Familie kurz nach Martins Geburt nach Mansfeld gezogen war, gelang es ihm, die finanzielle Situation durch Beteiligungen am Kupferbergbau drastisch zu verbessern und damit die Grundlage für den Schulbesuch seines Sohnes in Eisenach ab 1498 zu legen.

Mehr als das Schulgeld für den Schulbesuch fern vom Elternhaus konnte der Vater jedoch nicht aufbringen: Für seinen Unterhalt musste der Schüler selbst sorgen – das tat er, indem er sich mit anderen Knaben zu einer Kurrende zusammenschloss. „Kurrende kommt von *currere*, sprich: laufen, und bedeutet vom Lateinischen ins Deutsche übersetzt *Laufchor*", erklärt die Eisenacherin. Die Schüler zogen singend von Haus zu Haus, um sich Brot zu erbetteln, was damals durchaus üblich war.

Im Singen waren die Knaben geübt: „An der Lateinschule St. Georg in Eisenach war Musik ein Hauptfach", sagt die Gästeführerin. Außerdem mussten die Lateinschüler regelmäßig bei Gottesdiensten in der Kirche singen und traten im Schulchor, auch *Chorus Musicus* genannt, auf. Aber auch außerhalb von Schule und Kirche spielte der

Cornelia Braun weiß, dass Luther nicht durch dieses Portal geschritten ist, im Gegensatz zu der Steintafel, die diesen Eindruck vermittelt.

Gesang eine wichtige Rolle für den jungen Luther: Er hatte ein herzliches Verhältnis zu seinem Stiftsvikar Johannes Braun (um 1450-1516) und war auch häufig mit anderen Schülern Gast in dessen Haus. Dort wurde gesungen – sowohl geistliche als auch weltliche Lieder. Der spätere Reformator war also in der Sangeskunst geübt, als er singenderweise von Tür zu Tür zog, die sich ihm und seinen Kommilitonen gern und bereitwillig öffneten: Nicht nur, weil die Schüler gut singen konnten, nein, die Besungenen erhofften sich durch ihre Spenden auch mehr Wohlbefinden im Jenseits, denn nach dem damaligen Glauben verbesserten zu Lebzeiten verrichtete gute Werke, wie zum Beispiel das Spenden, die Chance, in den Himmel und nicht ins Fegefeuer zu kommen.

Diese Zeit war für Luther prägend, in seinen späteren Tischreden blickte er zurück: „Verachte mir einer solche Gesellen nicht. Ich bin auch ein solcher gewesen. Das sind die Rechten, die in geflickten Mänteln und Schuhen gehen und das liebe Brot vor den Türen sammeln – das werden oft die besten, vornehmsten und gelehrtesten Leute." Luther war jedoch nicht allein auf den Kurrendegesang angewiesen: Er fand eine Förderin, die ihm Freitisch und Freibett gewährte: Ursula Cotta (um 1450-1511), die Frau des Patriziers und späteren Bürgermeisters von Eisenach, Conrad Cotta.

„Luther hat in Eisenach das Rüstzeug für sein Leben bekommen", findet Cornelia Braun, „oder zumindest einen guten Grundstock für seinen weiteren Lebensweg." Von Eisenach wechselte er 1501 an die Universität Erfurt, um die *artes liberales*, die sieben freien Künste, (Grammatik, Rhetorik, Mathematik/Logik, Arithmetik, Geometrie, Musik und Astronomie) zu studieren und damit den akademischen Grad des Bakkalaureus zu erlangen. „Heute vergleichbar mit einem Bachelor", ergänzt die Gästeführerin. Anschließend sollte er, dem Herzenswunsch seines Vaters folgend, Jura studieren. Doch der Wunsch ging nicht in Erfüllung, Luther wurde kein Jurist: einem dramatischen Erlebnis im Sommer – Blitze tobten um ihn – bat er in Todesangst die heilige Anna um Hilfe und gelobte, Mönch zu werden, sollte ihm diese Hilfe zuteilwerden. 1505 brach er das Studium ab und trat in das Kloster der Augustiner-Eremiten in Erfurt ein. Zwei Jahre später,

1507, wurde Luther zum Priester geweiht. Er studierte im Anschluss Theologie, unter anderem in Wittenberg, und promovierte 1512.

Die Lateinschule St. Georgen, das alte Schulhaus, in dem der junge Luther in Eisenach unterrichtet worden war, stand zu jener Zeit schon nicht mehr. Und inzwischen ist auch der Nachfolgebau aus dem Stadtbild Eisenachs verschwunden, der im Bereich des Marktes nahe der Georgenkirche lag. „Im allerweitesten Sinne kann man das Gebäude, an dem heute die Steintafel angebracht ist, schon als Luthers Schule verstehen", erzählt die Gästeführerin. Aber nicht als Schüler, wie es hier fälschlicherweise geschrieben steht, sondern als Förderer: Nach der Reformation setzte sich Martin Luther für eine Weiternutzung des einstigen Klosters als Schule ein.

1544 wurde das Gebäude zur Schule – nämlich zur Scuola Provincialis – erhoben. Seit 1994, also 450 Jahre später, trägt sie auch seinen Namen: Martin-Luther-Gymnasium.

Wenn der Umstand, dass Luther hier zur Schule ging, also auch nicht korrekt ist – zumindest das hier ist belegt: „Als Schüler hieß Martin noch Luder mit Nachnamen", weiß Cornelia Braun. „Nach dem Anschlag der 95 Thesen im Jahre 1517 wollte er seine reformatorische Erkenntnis auch in seinem Namen zum Ausdruck bringen. Da Luder schon zur damaligen Zeit negativ besetzt war, wurde er immer wieder mit Verunglimpfungen konfrontiert. Um sich dieser Gefahr nicht mehr auszusetzen, wählte er nun die edlere Variante seines Namens mit *th*. Grundlage dafür war das griechische Adjektiv *eleutheros* – frei. Und so wurde aus Luder – Luther!

Melanie Kunze

·····································

So geht's zur Steintafel:

Die Steintafel ist auf der linken Seite des historischen Portals des Martin-Luther-Gymnasiums auf dem Predigerplatz 4 angebracht.

Die Inschrift „Nimand taugt ohne Freude" ließ der Hotelbesitzer beim Neubau des Hotels „Wolfsschlucht" 1897 anbringen.

19

Hausinschrift

Casting-Show im Mittelalter

*N*imand taugt ohne Freude, steht an der Fassade unterhalb eines kreisrunden Fensters des einstigen Hotels geschrieben. Wie recht derjenige, der diesen Spruch erdachte, doch hatte! Wer immer nur Trübsal bläst, dem fehlt bekanntlich der Schwung. Helga Stange, Mitglied im Eisenacher Geschichtsverein, weiß, dass diese klugen Worte aus berufener Feder stammen: „Bei dem Spruch handelt es sich um ein Zitat des wohl bedeutendsten deutschsprachigen Lyrikers des Mittelalters: Walther von der Vogelweide." Der Ludowinger Landgraf Hermann I. von Thüringen (um 1155-1217) und dessen Gattin Sophie hatten den Minnesänger, wie auch etliche seiner Kollegen, häufiger zu Festen und Wettbewerben auf die Wartburg eingeladen.

Laut der um 1250 entstandenen *Sängerkriegsdichtung* – eine Sammlung mittelhochdeutscher Sangspruchgedichte – fanden sich um 1200 sechs Teilnehmer zu einem Wettbewerb auf der Wartburg ein. Diese waren der urkundlich nicht nachweisbare Heinrich von Ofterdingen sowie „der tugendhafte Schreiber" – möglicherweise Heinrich von Rispach, auch Henricus Scriptor genannt, des weiteren wird ein „Biterolf" genannt, der aber auch eine literarische Figur sein könnte, und ein „Reinmar von Hagenau". Es folgen zwei bekannte Namen: Wolfram von Eschenbach (1160/80 - nach 1220) sowie Walther von der Vogelweide (um 1170-1230).

In dem „Fürstenlob" genannten Wettbewerb hatten die Teilnehmer die Aufgabe, den besten Fürsten auf die beste Weise zu rühmen. Wer das nicht tat, musste mit harten Strafen rechnen. Walther von der Vogelweide konnte sich im Anschluss an den Wettbewerb weiterhin unbeschwert des Lebens erfreuen, denn er schnitt gut ab. Gleiches galt für die anderen Teilnehmer – außer Heinrich von Ofterdingen. Der fiel in Missgunst, da er nicht Hermann – den Gastgeber und Schiedsrichter des Wettbewerbs – in den höchsten Tönen lobte, sondern in seinem Loblied seinen eigenen Herrn und Gönner, den Babenberger Herzog Leopold von Österreich, pries: *Jâ hete ich zuo der Dürenge herren selbe wol die pfliht, / daz künec noch vürste ûf erden niht sô werdeclîche lebt,/ wær der ûz Ôsterrîche niht. / des tugent in den lüften (hôch) ob al der werlde swebt.*

Heinrich von Ofteringen sang also: Ich hätte wohl Thüringens Herrn zu rühmen selbst die Pflicht, / Daß würdiger kein König und kein Kaiser selber lebt, / Wär der von Oesterreich nur nicht, / Des Tugend in den Lüften hoch ob allen Fürsten schwebt.

Hermann I. von Thüringen war empört und gedachte, den Minnesänger seiner Strafe zuzuführen. „Was für ein Affront! Da ihm der Henker drohte, suchte er bei der Landesherrin Sophie Schutz und sie gewährte ihm diesen. Aller-

> *„Was für ein Affront! Da ihm der Henker drohte, suchte er bei der Landesherrin Sophie Schutz und sie gewährte ihm diesen."*

dings nur in Form eines Aufschubs von einem Jahr", berichtet Helga Stange, „danach sollten sich die Sänger erneut versammeln und wieder gegeneinander in Wettbewerb treten."

„Allerdings nur in Form eines Aufschubs von einem Jahr, danach sollten sich die Sänger erneut versammeln und wieder gegeneinander in Wettbewerb treten."

Dieses Mal fiel die Wahl auf den Magier Klingsor aus Ungarn als Schiedsrichter. Der fällte ein sehr wohlwollendes salomonisches Urteil und verkündete, dass alle Sänger gleich gut seien und es somit weder einen ersten noch einen letzten Platz gebe. Da Zauberer damals als sehr geschickte und weise Männer galten, akzeptierte Hermann das Urteil und Heinrich kam, trotz seines letztjährigen Urteils, ungeschoren davon.

Dass diese Geschichte – bekannt als der Sängerkrieg auf der Wartburg – teilweise eher einer Legende gleicht, lässt auch die Ankunft Klingsors auf einer Wolke vermuten. Belegbar ist aber, dass Walther von der Vogelweide auf der Wartburg ein gern gesehener Gast war und auf den „Sängerkrieg" eine schrittweise gewachsene Sammlung mittelhochdeutscher Sangspruchgedichte des 13. Jahrhunderts zurückgeht. „Bekannt und belegt ist auch, dass Hermann I. auf der Wartburg einen Musenhof errichtete, der zur damaligen Zeit weder Paris noch Wien scheuen musste, im Gegenteil sogar auf Augenhöhe war", ergänzt die Gästeführerin.

Außer dem Sängerkrieg verband Eisenach und Walther von der Vogelweide noch eine weitere Begebenheit. Und die war für die Stadt positiv – wurde sie doch dadurch Anfang des 13. Jahrhunderts vermutlich das erste Mal literarisch erwähnt. Für Walther von der Vogelweide war sie allerdings weniger erfreulich, da er bei ebenjenem Ereignis seines Pferdes verlustig ging. „Bei dem besagten Anlass geht es um einen Rechtsstreit. Ein gewisser Gerhard Atze soll das Pferd des Sängers erschlagen haben", berichtet Helga Stange. Dieser wollte den Verlust nicht auf sich sitzen lassen und forderte drei Mark Schadenersatz, so viel soll der Vierbeiner nämlich wert gewesen sein. Doch Atze weigerte sich. Daraufhin stimmte der Virtuose ein Klagelied an: „Mir hat her Gerhart Atze ein pfert erschozzen z' Isenache."

Trotz allem und auch ob eines solchen Verlustes: Seinem eigenen

Spruch *Niemand taugt ohne Freude* folgend, dürfte Walther von der Vogelweide sich schnell wieder getröstet haben. Diese Worte zitiert übrigens der Dichter Ludwig Uhland (1787-1862) in seinem Buch *Walther von der Vogelweide, ein altdeutscher Dichter*, das 1822 erschien.

Er deutet ihn wie folgt: „[…] allerdings ist es nicht selten die sittliche Beschaffenheit des Gemüts, hier des wohlgeordneten, dort des in sich zerfallenen, woraus Frohsinn oder Mißmut entspringen."

Ob der Hotelbesitzer 1897 beim Wiederaufbau des Gebäudes mit der Inschrift am Giebel an den Sängerkrieg auf der Wartburg und an Walther von der Vogelweide erinnern oder stattdessen nur sein eigenes Lebensmotto zum Ausdruck bringen wollte und sich dabei der geflügelten Worte des Dichters bediente, bleibt sein Geheimnis. So oder so, Freude gehört zu einem guten Leben!

„Bekannt und belegt ist auch, dass Hermann I. auf der Wartburg einen Musenhof errichtete, der zur damaligen Zeit weder Paris noch Wien scheuen musste, im Gegenteil sogar auf Augenhöhe war."

Melanie Kunze

So geht's zur Hausinschrift:

Die Inschrift ist am Dachgiebel unterhalb des runden Fensters an dem Gebäude mit dem Wolfskopf Ecke Karlstraße /Querstraße angebracht.

Die Jahreszahl bei dem Fabelwesen stimmt nicht ganz.

20

Jahreszahl

Ein fürstliches Wartezimmer

W er sich für die Baugeschichte des prächtigen Fürstenbahnhofs gleich neben dem Hauptbahnhof interessiert,
muss nur einen Blick nach oben werfen, um das Jahr der
Fertigstellung zu erfahren: *Erbaut 1904*, steht hier zu
lesen. Uwe Leifheit weiß allerdings, dass nicht alles, was in Stein gemeißelt ist, stimmt – so ist es auch mit dieser Inschrift, denn sie beinhaltet
einen Fehler: „1904 war der Bau noch nicht vollendet. Erst im April
1905 war alles fertig", erklärt der Gästeführer. Die *Eisenacher Zeitung*
brachte am 28. April 1905 die Fertigmeldung und berichtete am folgenden Tag in einer Ergänzung von weiteren Handwerkern, die an den
Bau- und Ausstattungsarbeiten beteiligt waren."

Etwa ein Jahr vor Fertigstellung des Fürstenbahnhofs war direkt
nebenan der Bahnhof Eisenachs eingeweiht worden (siehe Geheimnis
27), doch so wunderschön und prachtvoll dieser auch sein mochte:

Für die königlichen Hoheiten des Hauses Sachsen-Weimar-Eisenach war er nicht standesgemäß. Denn wer konnte schon von einem Groß-herzog erwarten, dass er wie der gewöhnliche Handwerker oder Kauf-mann mit einem Ticket in der Hand am Bahnsteig wartet, bis der Zug kommt! „Das ging natürlich nicht, Adel war immer noch Adel, und die Novemberrevolution noch 14 Jahre und einen Weltkrieg weit ent-fernt", ordnet Uwe Leifheit die damaligen Verhältnisse ein. Und in Eisenach war es ja auch gute Tradition, gekrönte Häupter *standes*ge-mäß warten zu lassen: Schon 1847, als der erste Bahnhof in Eisenach gebaut worden war, hatte man ein kleines Fürstenzimmer errichtet, in dem sich der Herzog und seine Familie aufhalten konnten, bis der Zug kam und sie an ihren Bestimmungsort brachte.

Doch mit dem größeren und neuen Bahnhof musste dann natür-lich etwas Imposanteres her. Erbaut wurde der separate Wartebereich für die gekrönten Häupter in einem ähnlichen Stil wie der neue Bahn-hof mit wunderschönen Bogenfens-tern, detaillierten Reliefs und einem Schieferdach. „Im ersten Stock zeigen die Säulenkapitelle der drei Rundbo-genfenster zwei interessante Figuren-gruppen", nennt Uwe Leifheit eine wei-tere Besonderheit. Auf dem rechten Kapitell sind zwei ritterliche Soldaten zu sehen, die Macht und Schutz sym-bolisieren. Und auf dem linken Kapitell sind zwei ältere Herren mit Schnauz-bärten dargestellt. Während der eine das Miniaturmodell eines Gebäudes in der rechten Hand trägt, hält der andere Hammer und Meißel in den Händen.

Uwe Leifheit kann einiges über den Fürstenbahnhof erzählen.

„Das sind die beiden federführenden Architekten und Bildhauer, die für das Gebäude verantwortlich zeichnen", weiß der Gästeführer und erläutert die Symbolik: „Der Herr mit dem Gebäudemodell in der Hand ist der preußische Regierungs- und Baurat H.C. Cuny, der mit Hammer und Meißel der Direktor der Eisenacher Zeichenschule Georg Kugel." Letzterer fertigte auch die künstlerischen Sandsteinreliefs. An der schweren Eichentür, durch die man in den Fürstenbahnhof gelangt, sind nochmals zwei Soldaten zu sehen, sie tragen Kreuze auf den Helmen.

Der oberste Stock war und ist noch immer besonders prächtig eingerichtet: Hier gab und gibt es einen großen Raum mit einem funktionstüchtigen Kamin, einer farbenfrohen Deckenverzierung und einem gemütlichen Sofa im Jugendstil, letzteres ist aber irgendwann verschwunden. Daneben befand sich ein kleiner Raum für das Gesinde des Herzogs, ebenso Toiletten – jeweils für die Herrschaften und die Bediensteten getrennt. In einer Küche konnten die Diener für die Reisegesellschaft Erfrischungen und Speisen zubereiten. Über eine weitere Tür im obersten Stock trat der Herzog auf die Gleisanlage hinaus, wenn sein Zug auf einem Extragleis für ihn bereitstand – die Gleisanlage war um fast vier Meter angehoben, um dem Straßenverkehr nicht in die Quere zu kommen. So konnte sich der Großherzog „ein unerfreuliches oder unvorbereitetes Treffen mit dem gemeinen Volk" ersparen, wie Rainer Beichler in seinem Artikel *Hauptbahnhof und Fürstenbahnhof* schreibt.

Das konnte er aber erst ab dem Jahr 1905 tun und nicht, wie die Inschrift an der Fassade behauptet, bereits 1904. „Warum genau die Zahl 1904 auf der Fassade steht und nicht die richtige 1905, ist mir ein Rätsel", meint der Gästeführer. Vielleicht haben einfach die aufwendigen Verzierungen und die luxuriöse Einrichtung die Fertigstellung bis in den April 1905 verzögert, die Fassade an sich war aber schon vorher fertig. Ob 1904 oder 1905, der Fürstenbahnhof in Eisenach ist definitiv ein Blickfang.

Mike Durlacher

....

So geht's zur Jahreszahl:

Die Jahreszahl befindet sich weit oben am Fürstenbahnhof, gleich rechts vom Hauptbahnhof.

In diesem unscheinbaren Haus verbrachte Klaus Fuchs seine Gymnasialzeit.

21

Pfarrhaus

Feind hüben, Held drüben

Gleichgewicht ist etwas Gutes, das ist schon von Yin und Yang bekannt. Beim Atomwaffengleichgewicht, auch „Gleichgewicht des Schreckens" genannt, kostet es Überwindung, von etwas Gutem zu sprechen. In der gegebenen Situation war es jedoch wahrscheinlich das Bestmögliche. „Dass dieses Gleichgewicht während des Kalten Krieges bestand, dazu hat Klaus Fuchs wesentlich beigetragen", erklärt der Journalist Norman Meißner. Denn der Eisenacher war einer der Spione, der einen nicht unerheblichen Teil zur Beschleunigung des Atombombenprogramms der Sowjetunion und damit zum Erreichen des atomaren Gleichgewichts beitrug, verriet er den Sowjets doch wichtige Details des berühmten *Manhattan-Projekts*.

Niemand wird zum Spion geboren, und so war auch Klaus Fuchs (1911-1988) dieser Weg in seiner Jugend nicht vorgezeichnet. Er lebte seit 1918 in Eisenach, sein Vater war lutherischer Theologe und hatte eine Pfarrstelle in der Westvorstadt Eisenachs inne. „In diesem Haus am Ehrensteig wohnte er, es war ein altes Pfarrhaus", weiß der Journalist. Vater Emil Fuchs (1874-1971), einer der ersten Pfarrer, die in die SPD eintraten, prägte ihn maßgeblich – auch Klaus setzte sich vehement für Demokratie und Republik ein, was ihm immer wieder Anfeindungen und Prügel seiner Schulkameraden am humanistischen Gymnasium in Eisenach einbrachte. Er wurde Mitglied der SPD, kämpfte auch nach dem Abitur weiter für seine Ziele, wurde Mitglied der Sozialistischen Studentenschaft in Leipzig und trat schließlich der Kommunistischen Partei Deutschlands (KPD) bei.

„Während der Machtergreifung Adolf Hitlers tauchte er in Berlin unter, flüchtete nach Paris und dann nach England, da er steckbrieflich gesucht wurde ."

„Während der Machtergreifung Adolf Hitlers tauchte er in Berlin unter, flüchtete nach Paris und dann nach England, da er steckbrieflich gesucht wurde", erzählt Norman Meißner. In Bristol und Edinburgh konnte er sein Studium der Physik fortsetzen und promovierte dort 1938, danach arbeitete Klaus Fuchs für das britische Atomprogramm. 1942 erhielt er die britische Staatsbürgerschaft.

Max Born (1882-1970), ein berühmter Physiker und Nobelpreisträger, für den Fuchs arbeitete, sprach sich für eine weltweite Friedensordnung aus, was aber scheiterte. Das veranlasste Fuchs, sich an Jürgen Kuczynski (1904-1997), ein befreundetes KPD-Mitglied, zu wenden, über den er dessen Schwester Ruth Werner (1907-2000) kennenlernte. Diese unterhielt ein geheimes Funknetz in England.

Für weitere Forschungen reiste er 1943 in die USA, wo er am berühmten Manhattan-Projekt – dem Atombombenprogramm der Vereinigten Staaten – in Los Alamos mitarbeitete. Den USA war bekannt, dass die Atomforschung im faschistischen Deutschen Reich schon weit vorangeschritten war. Deshalb starteten sie das Manhattan-Projekt als Forschungsprogramm zur Entwicklung von Atombomben. Zeitgleich mit dem Angriff Japans auf die amerikanische Flotte in Pearl Harbor/ Hawaii Anfang Dezember 1941 und dem darauf folgenden Kriegseintritt der USA wurde das Ziel formuliert, Atombomben über Deutschland abzuwerfen und dadurch den Krieg zu beenden. Als die Bombe einsatzbereit war, war der Krieg in Europa jedoch schon beendet. Nun galt es, auch Japan zu besiegen. Da sich aber ein Konflikt mit der verbündeten Sowjetunion abzeichnete, entschied sich die Führung der USA, Japan allein mit Atombomben in die Knie zu zwingen: Am 6. und 9. August 1945 wurden zwei Atombomben über den japanischen Städten Hiroshima und Nagasaki abgeworfen. Die über Nagasaki abgeworfene Plutoniumbombe *Fat Man* war in Los Alamos entwickelt worden. Damit erlangten die USA auch die Übermacht gegenüber der Sowjetunion – das Verhältnis der im Zweiten Weltkrieg alliierten Weltmächte veränderte sich, es entwickelte sich zum Kalten Krieg.

Während seiner Zeit in Los Alamos lieferte Fuchs immer wieder Informationen über das Atomwaffenprogramm durch den Spion und Chemiker Harry Gold (1910-1974) an die sowjetischen Geheimdienste. Nach Beendigung des Manhattan-Projekts kehrte Klaus Fuchs 1946 nach England zurück und forschte

„1950 wurde im Zuge des VENONA-Projekts, in dem feindlich verschlüsselte Botschaften der Sowjetunion dechiffriert wurden, die Spionagetätigkeit von Klaus Fuch enttarnt."

dort im Bereich der Kernphysik weiter. „Doch 1950 wurde im Zuge des VENONA-Projekts, in dem feindliche verschlüsselte Botschaften der Sowjetunion dechiffriert wurden, die Spionagetätigkeit von Klaus Fuchs enttarnt", erzählt Norman Meißner über das Auffliegen von Klaus Fuchs. Er wurde gefangen genommen und zu 14 Jahren Haft verurteilt. Neun Jahre später wurde er begnadigt und kehrte als Held in die DDR zu seinem inzwischen in Leipzig lebenden Vater zurück. Fuchs heiratete noch im selben Jahr und ließ sich in Dresden nieder.

Heinz Barwich (1911-1966), der für die Sowjetunion in Rossendorf an deren Atomwaffenprogramm gearbeitet hatte, schätzte die Informationen, die der Spion damals weitergab, als immens wichtig ein, „[…] denn er verriet Ergebnisse, die für die Forschung und auch die Konstruktion (der Bombe) viel Zeit sparten", wie er 1964 in einem Verhör des US-Senats erklärte, das der *Spiegel* 1965 abdruckte. Klaus Fuchs' Geheimnisse hätten der Sowjetunion viel Zeit gespart, „[…] ich glaube sogar, daß zwei Jahre nicht einmal eine optimistische Schätzung sind. Möglicherweise waren es mehr." Auch habe Klaus Fuchs nicht gerne über seine Zeit im Gefängnis geredet, „[…] nach offizieller ostdeutscher Lesart war er politischer Gefangener gewesen. In Ostdeutschland wurde nicht zugegeben, daß er von einem ordentlichen Gericht verurteilt worden war und daß er gestanden hatte", erklärt Barwich.

Die Motivation von Klaus Fuchs, der einer aufsteigenden Weltmacht und damit dem Konkurrenten der freien westlichen Welt sensible Informationen zuspielte, war eindeutig: Er wollte der UdSSR bei der Niederringung des nationalsozialistischen Regimes in Deutschland helfen. Auch sah er sich in seinem Handeln dadurch bestätigt, dass es während des Kalten Krieges nie zu einem Atomwaffeneinsatz kam.

Schon während der Zeit in Los Alamos sei Klaus Fuchs aufgefallen, wie FBI-Akten zu entnehmen ist: Die Wissenschaftler diskutierten viel über die Gefährlichkeit der Bombe. Sie hielten es für absolut notwendig, diese Waffe unter internationale Kontrolle zu bringen, um den Frieden auf der Welt zu sichern. Würde das nicht geschehen, sahen sie eine gespaltene Welt voraus. Auch befürworteten sie die neugegründeten Vereinten Nationen.

„Fuchs' Handeln führte dazu, dass die Sowjetunion im Rennen um die Atombombe nachzog und ebenfalls Atomwaffen herstellte."

Fuchs aber, der zu diesem Zeitpunkt schon Informationen an die Sowjetunion lieferte, nahm an keinem dieser Gespräche teil, er diskutierte nicht mit, sondern hielt seine Meinung zurück, was auffiel. Im Nachhinein hat sich gezeigt, dass Fuchs der Einzige war, der den Überlegungen seiner Kollegen nachfolgte und tatsächlich handelte. Zwar konnte er die Spaltung der Welt nicht verhindern, aber er tat etwas dafür, dass die atomare Gefahr in der Folgezeit nicht erneut akut wurde. „Fuchs' Handeln führte dazu, dass die Sowjetunion im Rennen um die Atombombe nachzog und ebenfalls Atomwaffen herstellte", resümiert Norman Meißner. Das sogenannte Gleichgewicht des Schreckens entstand, in dem die Supermächte davon abgehalten wurden ihre Atomwaffen einzusetzen, weil bei einem Erstschlag der Gegner noch mit genügend Atombomben zurückschlagen könnte, um den Aggressor zu vernichten. Beide Seiten, sowohl die Vereinigten Staaten als auch die Sowjetunion, rüsteten immer weiter auf, um die Oberhand in diesem Gleichgewicht zu bekommen, was den Kalten Krieg zu einem heißen Krieg gemacht und damit das Ende der Menschheit bedeutet hätte.

Für seine Spionagetätigkeit wurde Fuchs im Ostblock gefeiert, im Westen war er allerdings geächtet. So fand der Chef des FBI John Edgar Hoover (1895-1972) drastische Worte: Für ihn zeigen diese Spione „[…] auf eindringliche Weise, wie eine fremde Macht, eine Doktrin des Hasses, des Terrors und der Versklavung, freie Menschen zu Landesverrätern machen kann".

Ein gewisses Gleichgewicht hatte Klaus Fuchs also geschaffen. Was für ein Ausmaß dieses erreichte, hätte sich der glühende Sozialist, der sich in seiner Jugend schon für seine Ideale einsetzte, nicht vorstellen können, als er im Pfarrhaus der Westvorstadt über seinen Schulaufgaben saß.

Mike Durlacher

So geht's zum Pfarrhaus:

Das Pfarrhaus befindet sich etwas am Hügel am Ehrensteig 5.

Sabine Wagner steht vor den Überresten des Kreuzgangs auf dem Schulhof.

22

Kreuzgang

Sühne oder politisches Kalkül

Wenn Sabine Wagner ihren Blick über den Innenhof des Martin-Luther-Gymnasiums schweifen lässt, dann betrachtet sie die Bogenöffnungen jedes Mal ganz genau. Ebenso wie den roten Steinverlauf auf dem Boden. Dann sieht sie vor ihrem inneren Auge dort ins Gebet vertiefte Mönche entlanggehen: Sie sieht den Kreuzgang, der sich hier einmal befand und der heute nur noch anhand der Bögen zu erahnen ist, in seiner vollen Pracht. „Die Breite des ehemaligen Kreuzganges wird durch den Steinverlauf im Boden sichtbar", sagt sie.

Dass vor Sabine Wagners innerem Auge Mönche und keine Nonnen vorbeiflanieren, hat seine historische Richtigkeit. Dennoch sollte das Kloster einst zunächst für Frauen errichtet werden. Doch der Reihe nach: Der Legende zufolge wurden eines Nachts sowohl Landgraf Heinrich Raspe von Thüringen (1204-1247) als auch sein Bruder Konrad von Thüringen (um 1206-1240) von Träumen heimgesucht. Dem Landgrafen erschien seine Schwägerin Elisabeth als Anklägerin vor dem höchsten Richter und warf ihm, Heinrich Raspe, vor, sie und ihre Kinder von der Wartburg vertrieben zu haben. Auch Konrad träumte in jener Nacht. Bei ihm führte jedoch nicht Elisabeth, sondern der heilige Johannes die Anklage. Konrad wurde vorgeworfen, er habe die Stadt Fritzlar mitsamt ihrer Kirche St. Johannis zerstört.

Durch die Träume aufgeschreckt, erkannten sie ihre Schuld und wandten sich in ihrer Not an Papst Gregor IX. (um 1167-1241), der sie anwies, als Sühne ein Kloster für Elisabeth und Johannes den Täufer zu bauen. „Und tatsächlich fingen die beiden an, ein Kloster zu errichten", sagt Sabine Wagner. Die feierliche Weihe erfolgte 1240. Die heute so genannte Predigerkirche bestand aus einem saalartigen Innenraum und hatte ursprünglich noch ein Seitenschiff an der Nordseite, wurde aber ohne Querhaus und Turm gebaut – entsprechend dem typischen Kirchenbau der Bettelorden. Im Osten befand sich eine dreischiffige gewölbte Krypta samt dem zugehörigen darüber liegenden hohen Chor. „Es ist wahrscheinlich eine der ersten Kirchen der Welt, die der heiligen Elisabeth geweiht wurden und das nur wenige Jahre nach deren Heiligsprechung im Jahr 1235", macht Sabine Wagner auf eine Besonderheit aufmerksam (siehe Geheimnis 49).

Als der Bau fertig war, übergaben die Stifter die Anlage den Dominikanern und nicht den Elisabeth nahestehenden und im Volk beliebten Franziskanern – und auch nicht, wie ursprünglich geplant, den Nonnen. Sabine Wagner weiß, warum: „Stand bei den anfänglichen Plänen der Bauherren-Brüder ihr Seelenheil im Vordergrund, so fiel die Entscheidung für die Dominikaner, die ebenfalls ein Bettelorden waren, aus politischem Kalkül", erklärt die Gästeführerin.

Zum Prior des Klosters wurde der Dominikaner Elger von Hohnstein (um 1180-1242) ernannt. Damit wollten die Stifter ein Gegengewicht zu den starken Franziskanern schaffen. „Außerdem wollten sie die ebenfalls mächtigen Dominikaner mit der Stiftung auf ihre Seite ziehen und für ihre Zwecke – die Verfolgung der Ketzer – einsetzen."

Und so wurde Elger von Hohnstein zum geistlichen Oberaufseher des Thüringer Landes berufen. Elgers Gelehrsamkeit und Ansehen machten ihn zum Beichtvater, Freund und politischen Ratgeber Heinrich Raspes. „Damit näherte sich der Landgraf dem Papst an, stand aber in dem Konflikt zwischen der Kurie und Friedrich II. noch auf Seiten des weltlichen Herrschers", erklärt Sabine Wagner. Dieser ernannte 1242 den Landgrafen und Wenzel I. (um 1205-1253) gemeinsam zu Reichsverwaltern für seinen minderjährigen Sohn Konrad IV. (1228-1254).

Bereits 1243 trat Heinrich Raspe von diesem Amt wieder zurück und schlug sich nun ganz auf die Seite des Papstes. „Angeblich nachdem viel Geld geflossen war", ergänzt die Eisenacherin. Diese Hinwendung zum Klerus brachte ihm später – auch wenn es noch Jahre dauern sollte – die Krone ein. Denn 1245 setzte Papst Innozenz IV. (um 1195-1254) Friedrich II. (1194-1250) auf dem Konzil von Lyon ab. Ein Jahr später wurde Heinrich Raspe von einer Minderheit der deutschen Fürsten – gedrängt und vermutlich finanziert vom Papst und unterstützt durch die beiden Erzbischöfe von Mainz und Köln – am 22.Mai 1246 in Veitshöchheim bei Würzburg zum deutschen König gewählt und damit zum Gegenkönig von Friedrich II.: „Da er hier Schützenhilfe vom Papst und dem Klerus erhalten hatte, verfolgte ihn der Beiname *rex clericorum*, übersetzt Pfaffenkönig", nennt die Gästeführerin die Zusatzbezeichnung, die sich bis ins 20. Jahrhundert hielt.

Laut der *Deutschen Biographie* ist die Abkehr Heinrich Raspes von König Friedrich II. und seine Positionierung an der Seite des Papstes der Furcht vor der ewigen Verdammnis geschuldet: „Wesentlich für seine Entscheidung dürften Angst vor dem Bannfluch und Sorge um das eigene Seelenheil gewesen sein." Da Heinrich Raspe selbst kinderlos blieb, sah er es „vielleicht auch schon geschwächt von der Krankheit, die ihm bald den Tod bringen sollte", so Hans Martin Schaller in der Deutschen Biographie, als „einzige ihm gebliebene Aufgabe […] die Kirche zu verteidigen gegen den ‚Feind des Gekreuzigten', wie er Friedrich II. in einem Brief nennt."

Lange hielt sich Heinrich Raspe nicht als Gegenkönig, da er nach einer Verletzung am 16. Februar 1247 auf der Wartburg verstarb und sein Leichnam im Katharinenkloster in Eisenach begraben wurde. Allerdings nicht vollständig, denn er wünschte, sein Herz solle entnommen und in einem Goldgefäß im Boden der von ihm gestifteten Dominikanerkirche bestattet werden. „Damit wollte er zusätzlich Buße tun, da die Besucher der Kirche ja jetzt immer auf sein Herz treten würden", erklärt Sabine Wagner den Hintergrund seines Wunsches.

Das besagte Goldgefäß wurde jedoch bei diversen Umbau- und Renovierungsarbeiten nicht gefunden, sodass dieser Umstand wohl eher als Legende zu betrachten ist. Mit seinem Tod starb das Herrschergeschlecht der Ludowinger aus. Im Zuge der Reformation musste das Kloster 1525 aufgegeben werden, es ist heute die einzige erhaltene Klosteranlage der Stadt.

Teile des Klosters fanden als Schule Verwendung. Die Kirche wurde als Kornspeicher und Schüttboden umgebaut. Heute befindet sich hier die wertvolle Sammlung des Thüringer Museums von vorreformatorischen sakralen Schnitzplastiken, unter anderem eine Holzfigur, die vermutlich Heinrich Raspe darstellt. Besonders passend findet Sabine Wagner, dass das Masswerk der erhaltenen Bögen des Kreuzgangs ein Herz bildet, schließlich verkörpert es das Wesen der heiligen Elisabeth. Ihre große Nächstenliebe erscheint unerschöpflich, sie gab nicht nur ihren ganzen Besitz den Bedürftigen, sondern packte tatkräftig mit an: pflegte und umsorgte aufopferungsvoll die Armen, Kranken und Waisen.

Melanie Kunze

So geht's zum Kreuzgang:

Die Bogenöffnungen des Kreuzgangs findet man im Schulhof des heutigen Martin-Luther-Gymnasiums auf der Südseite. Das Martin-Luther-Gymnasium steht am Predigerplatz 4.

Klein aber fein ist das Steinmetzzeichen auf dem Relief.

23

Steinmetzzeichen

Unterschrift des Meisters

E s ist ganz klein und unscheinbar: Nur wer genau hinsieht, kann in dem Relief am Alten Rathaus oberhalb der Inschrift *Anno Domini* ein winziges, runenartiges Zeichen entdecken. „Es handelt sich hierbei um ein Steinmetzzeichen, genauer gesagt, um das des Hans Leonhard – des bekanntesten Baumeisters von Eisenach", löst Sandra Wichmann das Rätsel.

Auch wenn seine Bauwerke überall in Eisenach zu bestaunen sind: Über den Privatmann Hans Leonhard ist so gut wie nichts bekannt. Vermutlich ist er aus dem süddeutschen Raum nach Eisenach eingewandert und blieb dort für etwa 16 Jahre, bevor er im letzten Drittel des 16. Jahrhunderts sein Haus – das Lutherhaus (siehe Geheimnis 47) – verließ und in Südhessen wirkte. Das Lutherhaus konnte er in den 1560er-Jahren sein Eigen nennen und erschuf daran bleibende Spuren in Form von Figuren und Reliefs. 1549 entstanden unter seiner Federführung der Georgenbrunnen und eben auch die Reliefarbeiten am Turm des neuen Rathauses. Übrigens: Das gleiche Steinmetzzeichen, das sich in der Mitte dieses Reliefs befindet, kann man auch an der Georgenkirche entdecken (siehe Geheimnis 44).

Steinmetzzeichen waren für die Handwerker von außerordentlicher Bedeutung: Jeder Steinmetz hatte ein individuelles, eigenes Zeichen, das der Markierung seiner Werke diente. „Den Bauleuten kam der ganz natürliche Wunsch, ein Zeichen ihrer persönlichen Tätigkeit an den Werken zu hinterlassen, die durch ihrer Hände Fleiß entstanden und auf die sie ihre Kunst und Geschicklichkeit verwendet", schreibt Hugo Peter in seinem Buch *Hausmarken und Steinmetzzeichen in und um Eisenach* von 1897. „Steinmetzzeichen und Hausmarken unterscheiden sich aber darin voneinander, daß letztere [...] von jedermann angenommen werden konnten, während das Recht zur Führung eines Zeichens dem Steinmetzen erst zuerkannt und das Zeichen selbst erst verliehen werden mußte", schreibt er weiter.

Wie viele andere Handwerker waren die Steinmetzen im Mittelalter in einer Zunft organisiert – mit strengen Regeln. Diese Hüttenordnungen, „die in strenger Zucht die Bräuche für die Heranbildung tüchtiger Meister, Gesellen und Lehrlinge festlegten", sahen genau vor, wann, ob und wie ein Steinmetzzeichen geführt werden durfte, schreibt Alfred Zappe in seinem Artikel *Systematik der Steinmetzzeichen im Mittelalter*. Fünf Jahre dauerte die Ausbildung eines Lehrlings zum Gesellen, erst dann wurde ihm das Recht gewährt, ein Steinmetzzeichen zu führen, dieses durfte sich der Geselle frei auswählen, aber, nachdem er einmal ein Zeichen angenommen hatte, nicht mehr ändern. Zappe zitiert diesbezüglich die *Rochlitzer Steinmetzordnung von 1462*: „Vnd ob ein Meister oder geselle kemen die das Hantwerck oder die Kunst kunden vnd begert eines Zeichens von einem Werkmeister, dem soll er seinen willen darumb machen, vnd zu gottesdienst geben, was Meyster und gesellen erkennen. Vnd soll das Zeichen zwiffelt verschenken Meystern vnd Gesellen."

Besonders wichtig waren die Steinmetzzeichen nicht zuletzt für die Abrechnung. „Die Handwerker wurden damals pro Stück und nicht pro Stunde bezahlt", erklärt Sandra Wichmann. Der Steinmetz oder Steinhauer versah seine bearbeiteten Steine mit seinem individuellen

Zeichen, um nachweisen zu können, für wie viele er zu bezahlen war.

Wenden wir uns noch kurz den Hausmarken zu: Mit ihnen wurden sowohl das eigene Haus als auch alle weiteren Besitztümer markiert. „Von Fuhrwerken, Werkzeugen, ja sogar den Nutztieren bis hin zu Grenzsteinen, alles wurde mit diesen Marken versehen, um jedweden Streit um Eigentümerschaft auszuschließen", führt Sandra Wichmann über die Verwendung der Zeichen aus. Denn dadurch, dass das jeweilige Symbol des Besitzers überall zu sehen war, auch zum Beispiel über der Tür des Hauses, war gewährleistet, dass jeder in der Gemeinde wusste, wem etwas mit diesem Zeichen gehörte. Leugnen war zwecklos, Diebe schnell überführt. Das Zeichen ersetzte dabei den Namen, denn im Mittelalter konnten viele Menschen nicht schreiben, auch gab es noch keine Nachnamen. Weil jedoch immer mehr Dinge schriftlich geregelt wurden, insbesondere Besitzverhältnisse und Rechtsangelegenheiten, setzte die der Schrift nicht mächtige Bevölkerung ihr Hauszeichen unter die Verträge oder Urkunden.

Während mit der Hausmarke der Besitz oder die Zustimmung zu einem Vertrag markiert wurde, bezeugt das Steinmetzzeichen, wer einen Stein behauen hat. „Die Urheberschaft des Reliefs am neuen Rathaus ist damit unverkennbar Hans Leonhard zuzuschreiben, denn sein Zeichen prangt – zwar klein aber doch prominent – mitten auf dem Relief am Turm", schließt Sandra Wichmann. Es wurde 2016 in Vorbereitung zum Lutherjahr aufwendig restauriert und zeugt heute noch von der handwerklichen Geschicklichkeit des Baumeisters – auch Stadtmaurer genannt –, der so wichtige Spuren in der Stadt hinterlassen hat und über den doch so wenig bekannt ist.

Mike Durlacher

So geht's zum Steinmetzzeichen:

Das Steinmetzzeichen befindet sich in der Mitte des Reliefs am alten Rathaus am Georgenplatz, Markt 2.

Cornelia Hartleb hat sich intensiv mit den Aufenthalten von Johann Wolfang Goethe in Eisenach befasst.

24

Gedenktafel

Eisenacher Muse

Auf der Gedenktafel am Haupteingang zum Palais Bechtolsheim am Jakobsplan steht geschrieben: *Johann Wolfgang Goethe weilte hier mehrfach von 1777 bis 1795 als Gast der Familie Bechtolsheim.*

Gästeführerin Cornelia Hartleb hat sich mit der Freundschaft zwischen Goethe und der Familie beschäftigt – und herausgefunden, dass diese schon länger währte, als die Bechtolsheims in Eisenach lebten. Und dass es besonders die Dame des Hauses war, der der Dichter in Freundschaft verbunden war. „Julie von Bechtolsheim war eine hoch geschätzte und literarisch sehr interessierte Frau", beschreibt Cornelia Hartleb die Bedeutung dieser Adeligen, die als Gastgeberin einen literarischen Zirkel führte. Johann Wolfgang von Goethe (1749-1832) sah in ihr eine wichtige Vertraute, gar eine Seelenverwandte, nannte sie „Seelchen" und hielt bis zu seinem Tode Kontakt mit ihr.

Das erste Mal begegnen sich Goethe und Julie von Bechtolsheim (1751-1847) anno 1776 im Herzogtum Gotha auf Schloss Stedten, dem Anwesen ihrer verwitweten Mutter. „Die junge Frau ist tief beeindruckt von Goethe, der den Gästen des Hauses Passagen aus seinen Werken – auch aus dem *Faust* – vorträgt", beschreibt die Eisenacherin die Wirkung des Dichters auf Julie von Bechtolsheim. Im Anschluss schreibt Julie über diese Begegnung in einem Brief, er sei „vielleicht eines der größten Genies […], die es jemals gab".

Dass zwischen den beiden eine besondere Magie besteht, stellt auch das Umfeld fest: In seinem Gedicht *An Psyche* schildert Christoph Martin Wieland (1733-1813), der Goethe auf Schloss Stedten eingeführt hatte, märchenhaft verschlüsselt die Begegnung zwischen den Anwesenden. „In dem Gedicht verkörpert Julie von Bechtolsheim die Psyche und Goethe wird als junger Zauberer dargestellt", deutet Cornelia Hartleb.

Dem ersten Kennenlernen folgen weitere Treffen – und zwar in Eisenach: Da Julies Ehemann, Johann Ludwig von Mauchenheim, genannt Bechtolsheim (1739-1806), 1777 zum Vizekanzler ernannt wird, muss die Familie ihren Lebensmittelpunkt von Georgenthal in die Wartburgstadt Eisenach verlegen. „Und so kam es zur nächsten Begegnung der Familie von Bechtolsheim mit Goethe", erzählt Cornelia Hartleb. Goethe reist mit Herzog Carl August von Sachsen-Weimar-Eisenach (1757-1828) an, da dieser als Legationsrat im eigenständigen Fürstentum Sachsen-Eisenach Regierungsgeschäfte auszuüben hatte. Während seines fünfwöchigen Aufenthalts besucht der Dichter und Geheimrat den Vizekanzler nebst Gattin immer wieder. „Wahrscheinlich hatte es ihm auch ein bisschen der Charme der Dame des Hauses angetan", vermutet die Goethe-Kennerin schmunzelnd.

Julie von Bechtolsheim, die selbst auch Gedichte schrieb und veröffentlichte, wurde in Eisenach besonders wegen ihres sozialen Engagements geschätzt. Einer ihrer Gäste, Christian Schreiber (1781-1857), hielt seine Empfindungen fest: „Grazie und Würde, Ungezwungenheit und Anstand vereinigten sich in dem geselligen Kreise dieser gefeierten Frau, den kein durchreisender Gelehrter, kein Künstler, Welt- und Staatsmann von einiger Bedeutung vorbeiging." Cornelia Hartleb hat recherchiert, dass „Wissenschaftler, Literaten, Künstler und Politiker

Teil des illustren Kreises waren, der sich im Palais Bechtolsheim eingefunden hat".

Und dann kommt eine schwere Zeit für diese Frau, die in Eisenach
auch wegen ihres sozialen Engagements hoch geschätzt ist: Sie verliert
alle ihre Lieben: 1806 stirbt ihr Ehemann, 1810 ihr Sohn Emil (1776-
1810) an Fleckfieber, und wenig später stirbt ihr Sohn Gustav an
Typhus und Louis an einer Verwundung nach der Schlacht bei
Auerstedt. Dennoch findet sie 1816 die Kraft – mittlerweile ist sie 65
Jahre alt – ein Patriotisches Fraueninstitut zu gründen. „Das Institut
war ähnlich den Frauenvereinen, die sie nicht nur in Eisenach förderte,
sondern auch in den Dörfern", hebt Cornelia Hartleb hervor. Eine
Bäckerei für Bedürftige und eine Berufsschule für stellungslose Dienst-
mädchen ruft sie ein Jahr später ins Leben. „Selbst im hohen Alter
initiierte sie 1831 noch eine Armenspinnerei und ein Stift für stellungslose Dienstboten", ergänzt die Gästeführerin. Denn Julie von Bechtolsheim war eine Frau, die ihren Stand und ihren Einfluss auch dazu
einsetzte, Menschen ohne Arbeit und Hungernden ein Auskommen
zu ermöglichen. „Mit ihrer sozialen Ader hat Julie viel Gutes in unserer Stadt bewirkt", findet Cornelia Hartleb.

Und auch wenn auf der Gedenktafel nur der Dichterfürst erwähnt
wird, die Freundschaft zwischen Julie von Bechtolsheim und ihm war
für beide bereichernd.

Melanie Kunze

So geht's zur Gedenktafel:

*Die Gedenktafel befindet sich rechts neben dem Haupteingang zum
Palais Bechtolsheim am Jakobsplan 9.*

Alexandra Husemeyer präsentiert: die geheimnisvolle Lampe.

25

Lampe

Gastronomie mit Beilage

Themengastronomie? Verankert man normalerweise in der zweiten Hälfte des 20. und im 21. Jahrhundert. „Weit gefehlt", weiß Gästeführerin Alexandra Husemeyer, „Themengastronomie gibt es schon viel länger, und eine der ältesten befand sich im sogenannten Lutherhaus."

Der Lutherkeller war im „altdeutschen Stil" mit unzähligen Lutherrosen historisierend eingerichtet, es gab gutbürgerliche Küche. „Der Wirt, der auf die Idee für diese Gaststätte kam, hieß Adolf Lucas", erzählt die Gästeführerin. Dieser erkannte, dass sich die Begeisterung für Martin Luther (1483-1546) auch gewerblich nutzen ließe. So richtete er im Lutherhaus den Lutherkeller ein, zuvor war das Gebäude nur als Wohnung und als Werkstatt genutzt worden. Gegen ein gewisses Entgelt konnte man sogar die Lutherstuben besichtigen, in denen Martin Luther als Lateinschüler gelebt haben soll. Der Lutherkeller war gut besucht, handelte es sich doch um ein repräsentatives Gebäude mit großer Historie und gleichzeitig eines der besten Häuser am Platz.

1944 wurde das Lutherhaus durch Fliegerbomben schwer beschädigt (siehe Geheimnis 40) und 1946 repariert. Die Familie Lucas betrieb den Lutherkeller anschließend noch bis 1953, dann übersiedelten einige Familienmitglieder nach Westdeutschland, die Mutter, Karoline Schneider, blieb in Eisenach, war aber zu alt für die Fortführung der Gaststätte. Die Evangelisch-Lutherische Kirche Thüringen übernahm das Gebäude.

„Und eben die Laterne, die an der Hausecke ist, hing – geradlinig, aber auch verziert – schon damals, als Adolf Lucas die Gaststätte eröffnete.“

An den Lutherkeller erinnern heute nur noch Postkarten und alte Ansichten des Lutherhauses. „Und eben die Laterne, die an der Hausecke ist, hing – geradlinig, aber auch verziert – schon damals, als Adolf Lucas die Gaststätte eröffnete“, weiß die Gästeführerin, „sie leuchtete den Gästen den Weg in den Keller.“ Die jetzige Laterne hängt seit den 1930er-Jahren dort und kündet davon, dass sich hier einmal eine der ältesten Themengastronomien befand. Luther lebte also nicht nur biografisch vor Hardrock und Hollywood.

Mike Durlacher

So geht's zur Lampe:

Die Lampe befindet sich an der Ecke des Lutherhauses, am Lutherplatz 8, zur Straße hin.

Umriss

Arztpraxis ohne Patienten

D a muss doch mal was gehangen haben! Dieser Gedanke schießt einem unwillkürlich durch den Kopf, wenn man – bei genauem Hinsehen – den rechteckigen Umriss an der Hauswand entdeckt. Das bestätigt die Vorsitzende des Gästeführervereins Helga Stange. Und sie weiß noch mehr: „Hier hing nicht nur mal was, hier hängt immer mal wieder was, nämlich ein Schild der Arztpraxis Dr. Kleist."

Doch warum hängt die Praxis das Schild auf und dann wieder ab? Saisonarbeit in einer Arztpraxis wäre schon mehr als ungewöhnlich! „Das ist ganz einfach", fährt Helga Stange schmunzelnd fort. „Die Praxis ist gar keine Praxis – sondern ein Film-Set." Auch wenn die Eisenacher das sehr schade finden: Bereits seit der Erstausstrahlung am 13. April 2004 zeigte die ARD Francis Fulton Smith alias Doktor Christian Kleist als fürsorglichen und kompetenten Arzt. Und so mancher Eisenacher wäre sicherlich gerne bei ihm Patient.

In den ersten fünf Staffeln, die jeweils im Hauptabendprogramm liefen, war die Praxis allerdings noch am Markt 18 im ersten Obergeschoss untergebracht. Nach drei Jahren Drehpause und einem neuen Sendeplatz im Vorabendprogramm zog der Mediziner in die Lauchergasse um.

Wo Arztpraxis draufsteht, muss im Film aber nicht unbedingt Arztpraxis drin sein: „Dieses Gebäude mit dem Praxis-Schild dient nur für die Außenaufnahmen", stellt die Eisenacherin richtig. „Die Innenaufnahmen der Gemeinschaftspraxis stammen aus den oberen Etagen der Firma Vollack im Gewerbegebiet Stedtfeld, einem Ortsteil von Eisenach."

Dass es neben der Praxis, die also eigentlich nur als Briefkastenfirma fungiert, in der Serie noch mehrere kleine Abweichungen von der Realität gibt, liegt in der Natur der Sache. Amüsant findet Helga Stange zum Beispiel das: „Natürlich wissen wir als Insider, dass der filmische

Helga Stange weiß, was hier immer mal wieder angebracht wird.
Bei genauem Hinsehen kann man den Umriss deutlich erkennen.

Krankenhaus-Garten in Wirklichkeit der wunderschöne Karthausgarten mit seiner Parkanlage und dem Teezimmer ist." Dass die Krankenwagen im Film nicht immer den kürzesten Weg fahren, sondern auch mal einen Umweg wählen, ist ihr ebenfalls aufgefallen. Und auch, dass Einbahnstraßen manchmal kurzerhand verkehrt herum befahren werden. Aber immerhin ist der Name der Film-Stadt real: Eisenach, die Wartburgstadt.

Wenn die Film-Crew in Eisenach unterwegs ist, kommt es auch immer mal wieder zu Straßensperrungen und Parkverboten. „Doch diese", sagt Helga Stange, „nehmen wir gerne in Kauf, denn durch die Aufnahmen von Eisenach und der herrlichen Umgebung wird für unsere Stadt eine ganz tolle Werbung gemacht." Begeistert von der Serie, wollte die Gästeführerin auch einmal die Atmosphäre am Set spüren und wirkte als Statistin mit.

„Durch die Aufnahmen von Eisenach und der herrlichen Umgebung wird für unsere Stadt eine ganz tolle Werbung gemacht."

„Die Serie ist ziemlich bekannt", sagt Helga Stange stolz. „Aber mit dem Umriss, der die meiste Zeit im Jahr zu sehen ist, können nur die wenigsten etwas anfangen." Ganz besonders freut sie sich immer dann, wenn das Praxisschild an Ort und Stelle ist und Blumenkübel vor der Tür stehen. Denn dann heißt es in Eisenach: Kamera läuft!

Melanie Kunze

So geht's zum Umriss:

Der Umriss ist an den Steinplatten rechts neben dem Eingang zur Lauchergasse 2 zu sehen.

*Die Kapitelle sind wunderschön und detailreich
aus dem Sandstein herausgearbeitet.*

27

Kapitelle

Küsschen an der Via Regia

Bahnhöfe waren schon immer hektische und betriebsame Orte. Das ist in Eisenach nicht anders. Wer verreist, hechtet zum Bahnsteig, verabschiedet sich von seinen Liebsten und springt dann in den Zug. Diese Szene, die wohl tausendfach an Bahnhöfen auf der ganzen Welt stattfindet und auch früher so stattfand, ist besonders schön auf einigen Säulenkapitellen an der Außenfassade des Eisenacher Bahnhofs dargestellt: einmal als Szene des Abschieds und auf einem anderen Kapitell als Szene der Ankunft, der Heimkehr.

Die Sandsteinarbeiten entstanden 1903 und 1904 im Zusammenhang mit dem Bahnhofsneubau, sie wurden von Georg Kugel (1848-1930), seit 1895 Direktor der Eisenacher Zeichenschule, entworfen und von dem in Süddeutschland wirkenden Bildhauer und Maler Prof. Tobias

Weiß (1840-1929) angefertigt. Laut Hans Werner Kress hat Weiß sie selbst entworfen.

„Dass sich der Bahnhof in Eisenach genau hier befindet und dass Eisenach überhaupt einen Bahnhof bekam, hängt stark mit der *Via Regia* zusammen, die durch Eisenach führte", erklärt Uwe Leifheit, „sie war so etwas wie die Seidenstraße Europas." Sie verlief von Ost nach West, etwa vom heutigen Kiew bis hinunter nach Santiago de Compostela in Spanien. Flandrische Tuche aus dem Westen und Holz, Felle, Wachs und Honig aus dem Osten wurden hier befördert und gehandelt. „Manche der Waren durften nur auf der Via Regia transportiert werden, das nannte sich Straßenzwang", schildert der Gästeführer die rechtlichen Gegebenheiten. Dieses Privileg ließen sich die Fürsten, die für den Unterhalt und den Schutz auf den Straßen sorgten, natürlich auch entsprechend fürstlich entlohnen. Zusätzlich verbanden die *Durch die kurzen Hessen* und *Durch die langen Hessen* genannten Straßen die beiden wichtigsten deutschen Messestädte der mittelalterlichen Zeit: Frankfurt am Main und Leipzig. Und – beide verliefen durch Eisenach! Die Namen der Straßen rührten da her, dass sie einen kürzeren oder eben einen längeren Weg durch die hessischen Hoheitsgebiete nahmen.

„Und schließlich war da noch die *Weinstraße*, die von Rom im Süden bis nach Stettin im Norden verlief und den Mittelmeerraum mit der Ostsee verband", weiß Uwe Leifheit. Diese Straße lag ursprünglich etwas östlich von Eisenach. Das passte den Thüringer Landgrafen aber so gar nicht: „Sie sahen sich das eine Weile an und merkten, wie viel Geld an Zöllen ihnen dabei entging", erläutert er und schildert die Folgen: „Also haben sie kurzerhand die Weinstraße durch den Thüringer Wald unbrauchbar machen lassen und durch Fronarbeiter einen neuen Weg durch äußerst unwegsames Gelände gelegt, der teilweise sogar in den Fels geschlagen werden musste – die heutige B19."

Aufgrund all dieser wichtigen althergebrachten Handelsstraßen war es kein Wunder, dass Eisenach so schnell an das entstehende Schienennetz angeschlossen wurde. Friedrich List (1789-1846), der schon zwei Jahre bevor die erste Eisenbahn auf deutschem Boden fuhr, eine Eisenbahnkarte für das Königreich Sachsen angelegt hatte, sprach sich nachdrücklich für eine Verbindung zwischen Leipzig und Dresden aus. Er pries die Vorteile dieser Eisenbahnstrecke in seinem Werk *Ueber ein sächsisches Eisenbahn-System als Grundlage eines allgemeinen deutschen Eisenbahn-Systems* und insbesondere über die Anlegung einer Eisenbahn von Leipzig nach Dresden: „Vielmehr muß jedem klaren Verstand einleuchten, daß der Staat überall dadurch gewinnen muß: in allen Arten von Abgaben, weil Produktion und Consumtion steigen; am Salztransport, im Postwesen, im Chausseebau, in der Militair- und Domainen-Administration [etc.] und, nach unsern Vorschlag, unmittelbar durch Theilnahme an den Dividenden."

Was für die Verbindung zwischen Leipzig und Dresden als bedeutsame Städte im Herzogtum galt, traf für Eisenach mit seiner unmittelbaren Lage an den wichtigen Handelsstraßen ebenfalls zu. Lists großes Vorbild waren dabei Großbritannien und die Vereinigten Staaten von Amerika, in letzteren war er selbst im Bereich des Eisenbahnbaus tätig. In seinem Buch *Das deutsche National-Transport-System in volks- und staatswirthschaftlicher Beziehung* geht List sogar noch weiter und charakterisiert die Bedeutung der Eisenbahn wie folgt: „Was die Dampfschifffahrt für den See- und Flußverkehr, ist der Eisenbahn-Dampfwagentransport für den Landverkehr, ein Herkules in der Wiege, der die Völker erlösen wird von der Plage des Kriegs, der Theuerung und Hungersnoth, des Nationalhasses und der Arbeitslosigkeit, der Unwissenheit und des Schlendrians."

Und so machten sich die sächsischen Herzogtümer daran, sich untereinander zu organisieren. Sie gründeten am 19. August 1840 den Thüringischen Eisenbahnverein, das Königreich Preußen half bei der Finanzierung, schließlich entstand die Thüringische Eisenbahn-Gesellschaft. Am 24. Juni 1847 wurde der erste Bahnhof in Eisenach feierlich eröffnet, „er befand sich ungefähr da, wo heute Gleis 2 und 3 verlaufen, allerdings ebenerdig", erklärt der passionierte Eisenbahnfreund Uwe Leifheit. Der Bahnhof wurde später von zwei Eisenbahngesellschaften gleichzeitig genutzt: der Thüringischen Eisenbahn-Gesellschaft von Beginn an und der Werra-Eisenbahn-Gesellschaft ab 1858.

Der Verkehr nahm ständig zu, die Eisenbahntrasse verlief ebenerdig mitten durch die Stadt und deren Verkehr. „Es gab viele Schranken und damit auch viele Probleme, besonders wenn ungeduldige Bauern versuchten, mit ihren Fuhrwerken die Schranken zu umfahren", beschreibt der Gästeführer die damalige Verkehrssituation.

Eine Lösung musste her! Diese fand die Stadt im Jahr 1900 in Stedtfeld, einem heutigen Stadtteil von Eisenach. Dort trug man kurzerhand einen kompletten Berg ab und schüttete innerhalb von vier Jahren einen 6,5 Kilometer langen, 4 Meter hohen und etwa 15 Meter breiten Damm auf, auf dem die viergleisige Eisenbahn in Zukunft fahren sollte. „Das Ganze ist bei laufendem Betrieb bewerkstelligt worden, eine Meisterleistung", findet Uwe Leifheit. Der Bahnhof und der Güterbahnhof wurden übrigens ebenfalls angehoben.

1886 war der alte Bahnhof bereits modernisierte worden, er war aber schließlich doch zu klein. Also machte sich der preußische Regierungs- und Baurat H.C. Cuny daran, einen neuen Bahnhof zu entwerfen. „Das Bahnhofsgebäude ist im Wesentlichen heute noch dasselbe wie zu seiner Eröffnung", erzählt Uwe Leifheit, „zumindest in seiner Hülle. Die Nutzung, Technik und Belegung der einzelnen Räume hat sich selbstverständlich geändert."

Besonders interessant sind die Säulenkapitelle. Sie thematisieren Szenen aus dem Bahnarbeiteralltag: den Stationsvorsteher, das Expressgut, den Bahnsteigrufer, den Schaffner. Die Kapitelle an den Säulen der Wartesaalfenster zeigen – so war es die Intention von Bildhauer Tobias Weiß – beides den „Abschied und das Wiedersehen". Übrigens: diese Abschiedsszene zeigt ihn selbst mit seiner Familie.

Mike Durlacher

So geht's zu den Kapitellen:

Die Kapitelle befinden sich außerhalb der Bahnhofshalle an den Säulen der Wartesaalfenster.

Malerisch im Wald gelegen: der Pochteich.

28

Pochteich

Spuren des Bergbaus

Eckige Formen? Bringt die Natur recht selten hervor. Das lässt den Schluss zu, dass der in etwa rechteckige Teich, der in einer Senke mitten im Wald südlich von Stedtfeld liegt, von Menschenhand geschaffen wurde. Tatsächlich: Er wurde als sogenannter Pochteich für den Bergbau künstlich angelegt und erhielt seinen Namen von der angeschlossenen Pochmühle. Aufgabe dieser Mühle war es, Erze zu zerpochen, also zu zerkleinern. Das im Teich gespeicherte Wasser – etwa 6.000 Kubikmeter – wurde zu einem Wasserrad geleitet, das die Pochmühle antrieb. Mit der Wasserkraft wurden die Pochstempel, das sind große, etwa 300 Pfund schwere Zylinder, angehoben und fielen dann auf das zu zerkleinernde Erz hinunter, um es zu zermahlen. Das so erhaltene Pochmehl wurde anschließend geschwämmt – also in fließendes Wasser gegeben, wobei das schwere Erz auf den Grund sank und das leichtere Gestein weggespült wurde. Dadurch konnte man unerwünschte Stoffe wie Gestein und Dreck von den erzhaltigen Teilen trennen. Gespeist wurde der

109

Teich von den vielen kleinen Bächen, die hier ins Tal liefen, aber alleine nicht genügend und auch nicht regelmäßig genug Wasser führten, um das Pochwerk anzutreiben. Bei Stedtfeld gewann man hauptsächlich Kupfer, Kobalt und in geringen Mengen Silber, das in einer sehr dünnen Schicht über dem in Thüringen allgegenwärtigen rotliegenden Gestein vorkam. Gebunden waren diese wertvollen Erze in Schiefergestein, dessen Schichten durch die Aufwerfung der Alpen in Süddeutschland sehr nah an die Oberfläche treten. Schon in früherer Zeit bauten die Stedtfelder hier den Kupferschiefer ab: „Die Vorfahren hatten aber keinen Stolln, sondern nahmen nur die Erzte so weit weg, als es Ihnen die Wasser verstatteten, und waren endlich genöthiget, das Ganze Werk liegen zu lassen", schreibt Johann Carl Wilhelm Voigt 1785 in seinem Buch *Mineralogische Reisen durch das Herzogthum Weimar und Eisenach und einige angränzende Gegenden.* In der zweiten Hälfte des 18. Jahrhunderts ermöglichten neue Technologien, tiefer in die Erde vorzudringen: Der kupferhaltige Schiefer wurde dann mittels Karren – sogenannte Hunten – übertage gebracht und dann zur Poche tranportiert. Hier wurde das Material zerkleinert und über einen längeren Zeitraum – bis zu drei Wochen – durch Reisigfeuer erhitzt. Dabei wurden weitere Fremdstoffe gelöst. Anschließend brachten die Arbeiter das so gereinigte Pochmehl zur Schmelzhütte, wo das Kupfer, der Kobalt und die geringen Mengen Silber gewonnen wurden. Die Schlacke, die dabei entstand, kam auf eine Halde unweit der Bahngleise.

Davon, dass hier einst schwer gearbeitet wurde, dass das Pochen der Mühlen durch den Wald klang, ist heute nichts mehr zu erahnen: Vögel zwitschern, Bienen summen und manchmal schlägt auch das Wasser des einstigen Pochteichs ans Ufer. Ganz leise.

Mike Durlacher

....

So geht's zum Pochteich:

Der Pochteich befindet sich am Bergbau-Lehrpfad, der sich von Stedtfeld aus in Richtung Süden windet.

*Als Künstlerin weiß Lydia Schindler bestens über den Maler
Friedrich Preller Bescheid, dessen Geburtshaus einst hier stand.*

Zeichnung

Ein Liebling Goethes

O hne Zweifel. Auf der Tafel ist kein Geringerer als Johann Wolfgang von Goethe (1749-1832) abgebildet! Doch wieso schläft er? Und weshalb trägt er einen Lorbeerkranz? „Goethe schläft nicht", stellt Lydia Schindler klar, „er ist tot." Was befremdlich klingen mag, ist doch ganz leicht zu erklären. „Hier stand einst das Geburtshaus Friedrich Prellers des Älteren, der Goethe auf dem Totenbett malte", erläutert die Gästeführerin. „Im Gedenken an ihn ist Goethe hier im ewigen Schlaf zu sehen."

Das künstlerische Geschick wurde Friedrich Preller (1804-1878) in die Wiege gelegt: „Sein Vater Johann Ernst Preller war als Konditor im Modellieren so geschickt, dass er sogar den Erbprinzen Carl Friedrich von Sachsen-Weimar-Eisenach darin unterrichtete", weiß Lydia Schindler. Sehr groß muss die väterliche Freude darüber gewesen sein, dass Friedrich Preller ebenfalls künstlerische Neigungen zeigte. Dass er diese voll ausleben konnte, hatte er ebenjenem Mann zu verdanken, den er dann später auf dem Totenbett zeichnete: Johann Wolfgang von Goethe.

Die beiden lernten sich kennen, als Friedrich in Weimar während seiner Gymnasialzeit die dortige Freie Zeichenschule besuchte. Diese wurde 1776 von Herzog Carl August von Sachsen-Weimar-Eisenach (1757-1828) gegründet und von Goethe stark gefördert, sie sollte „der allgemeinen Geschmacksbildung und Industrie dienen", wie Julius Gensel in seiner Biografie *Friedrich Preller d. Ä.* schreibt.

Heinrich Meyer (1760-1832), der Leiter der Schule, wurde auf Preller durch dessen Fleiß und Begabung aufmerksam, ließ ihn bei sich wohnen und brachte ihm die Ölmalerei bei. Über Meyer und dessen Lob für Friedrich muss auch Goethe auf den damals 15-Jährigen aufmerksam geworden sein. „Noch erinnere ich mich des Augenblicks, da ich die Nachricht erhielt, und der ungeheuren Aufregung, mit der ich der Aufforderung nachkam", gibt Otto Roquette in seinem Buch *Friedrich Preller: ein Lebensbild* Prellers Worte wieder. Denn er sollte für Goethe Wolken nach einer meteorologischen Abhandlung zeichnen. Immer wieder erteilte der Dichter dem jungen Maler fortan kleinere Aufträge und erwähnte ihn sogar in seinen meteorologischen Studien. „Goethe kaufte auch zwei Bilder von Preller, die dieser von einer Studienreise nach Dresden mitbrachte", erzählt die Gästeführerin, die selbst Künstlerin ist. Für diese Reise hatte Goethe ihm auch Empfehlungsschreiben mitgegeben. Über die Förderung durch den Dichterfürsten schrieb Preller später: „Wie wunderbar, daß der herrliche Mensch im Knaben das noch ganz verborgene erkennet, sich bemüht es zu Tage zu fördern, während neben ihm sich niemand für mich interessirte."

Letztes Bildnis Goethes von Preller

Die Zeichnung zeigt Goethe mit Lorbeerkranz.

Im Winter 1823 malte Preller eines seiner ersten größeren Werke, die *Eisfahrt auf den Schwanseewiesen.* Dadurch wurde Großherzog Carl August auf ihn aufmerksam und nahm ihn mit nach Antwerpen, wo Preller die Kunstakademie besuchen sollte. Carl August förderte ihn mit einem Stipendium und machte dem jungen Mann klar, wie viel er von ihm hielt: „Höre, Preller! Ich habe in deiner Kunst gar manchen jungen Menschen reisen lassen, es ist aus keinem etwas Tüchtiges geworden. Zu dir habe ich Vertrauen! Strebe danach, deinem Vaterlande, dir und mir Ehre zu machen!", berichtet der Autor Roquette. Der so Angesprochene folgte der Empfehlung, war fleißig, übte, zeichnete, lernte die großen niederländischen Meister kennen, reiste immer wieder mit Goethes und Carl Augusts Unterstützung nach Italien und wurde 1844 sogar Professor an der Fürstlichen Freien Zeichenschule und Hofmaler.

In Rom starb August von Goethe (1789-1830), Goethes einziger Sohn, der mit Preller gemeinsam auf einer Italienreise war, in seinen Armen. Julius Gensel gibt in seiner Biografie Prellers dessen Worte wieder: „Als ich an sein Bett treten wollte, sprang er auf und umklammerte mich, daß ich glaubte erdrückt zu werden. Wir hatten beide Mühe ihn ins Bett zurückzubringen. Ich legte ihm eben den Kopf aufs Kissen, als er die Augen hoch aufschlug und einen tiefen Atemzug tat. Es war der letzte gewesen." Vermutlich starb Goethes Sohn an den Pocken.

Als Preller am 22. März 1832 von einer weiteren Italienreise heimkehrte, wollte er seinen betagten Freund und Förderer besuchen, doch dieser war just an diesem Tag verstorben. Er hatte verfügt, dass er, der Zuckerbäckerssohn, den Dichterfürsten auf seinem Totenbett zeichnen durfte. Sein Werk zeigt den gerade entschlafenen Goethe mit einem Lorbeerkranz bekrönt friedlich auf dem Bett liegend. Auch wenn es ein sehr trauriger Anlass war, so wurde dennoch die Zeichnung berühmt. Damit erwies der große Goethe – selbst posthum – seinem Zögling noch einmal seine Gunst.

Mike Durlacher

So geht's zur Zeichnung:

Die Tafel mit der Zeichnung befindet sich rechts an der Sparkasse in der Karlstraße 2-4.

Ines Falkenhain hat sich intensiv mit dem der Geschichte des Kurwesens in Eisenach, und so auch mit dem Musik-Pavillon beschäftigt.

Musik-Pavillon
Trinken für die Gesundheit

Die elegante Dame schreitet in der Wandelhalle auf und ab. Ihr langer Rock streift über den Boden, in ihrer Hand balanciert sie einen Sonnenschirm, möglicherweise wirft sie dem einen oder anderen Herrn, der vorüberzieht, einen kecken Blick aus ansonsten niedergeschlagenen Augen zu. Dass sich diese Szene durchaus mal so zugetragen haben könnte, weiß Gästeführerin Ines Falkenhain: „Schließlich war der Pavillon und somit auch die Wandelhalle einst Teil einer Kuranlage."

Doch der Weg dahin ist weit und beginnt bereits Ende des 14. Jahrhunderts mit einem Klosterbau. Die Mönche des Kartäuserordens legen mächtig Hand an und schaffen neben den Gebäuden auch terrassenförmige Anbauflächen für Wein und Hopfen am Kartäuserberg. „Der heutige Kartausgarten wurde damals als Heil- und Küchenkräutergarten angelegt", erklärt Ines Falkenhain.

Der Orden erlebt zu jener Zeit eine Hochphase – doch das Ende ist schon in Sicht: Als sich einige Mönche der Bewegung Martin Luthers anschließen, bricht der Orden auseinander. „Zum endgültigen Aus kommt es während des Pfaffensturms 1525", schildert die Gästeführerin. Nicht nur, dass die Mönche das Kloster verlassen müssen, auch die Gebäude werden beschädigt. Kurfürst Johann (1468-1532) beschlagnahmt das Kloster, sein Sohn Kurfürst Johann Friedrich (1503-1554) setzt es 1537 wieder instand und verpachtet die landwirtschaftlichen Flächen. „Doch während des Dreißigjährigen Krieges wurde das Areal erneut verwüstet und die Hopfen- und Weinpflanzen zerstört", berichtet die Gästeführerin über den weiteren Fortgang.

Die Rettung naht anno 1694 in Gestalt von Herzog Johann Georg (1665-1698), der das Gebäude wieder instand setzen lässt und hier das erste Eisenacher Waisenhaus eröffnet. Den Kartausgarten lässt er zu einem herzoglichen Küchenkräutergarten mit Obstbäumen und Sträuchern gestalten. Bis zur Umgestaltung in einen Kurgarten soll es anschließend noch einige Zeit dauern. In der Zwischenzeit wird das Areal in verschiedener Weise genutzt – unter anderem als Strafarbeitsanstalt und Textilmanufaktur.

Die Idee, dass Eisenach Kurbad werden könnte, kommt in den 1880er-Jahren auf. Es ist der Privatier Albin Heintze, der die Initiative ergreift, Eisenach zu einem großen ‚Bade- resp. Luft-Curort zu gestalten'. „Das war ein wichtiger Schritt", sagt die Gästeführerin. Ein Komitee wird gegründet, das die Pläne Heintzes, in Eisenach ein Kurhaus mit Kaltwasserheilanstalt und sonstigen Badeeinrichtungen entstehen zu lassen, prüfen soll. Als mögliche Standorte für den Bau sieht der Kaufmann im Ruhestand entweder das Gebiet östlich des Kartausgartens oder das Johannistal vor. Man rechnet mit Kosten von rund 90.000 Mark. Doch das Komitee kommt nicht wirklich voran, auch die Namensänderung von 1896 in „Verein zur Hebung des Fremdenverkehrs" zeigt keine Wirkung.

Zudem sperrt sich die Stadt hinsichtlich einer Unterstützung. Stattdessen ergreifen nun weitere private Investoren die Chance und etablieren Kureinrichtungen. Sie haben Erfolg, und davon will die Stadt nun doch ein Stückchen abhaben. Sie setzt 1898 ein neues Kurkomitee ein, das in Konkurrenz zu dem privaten Unternehmen steht. Mit der Einrichtung von Sophienbad und Fürstenhof macht sie bereits erste Schritte in Richtung eines Kurbetriebs, richtig in Fahrt kommt die Idee des städtischen Kurbads aber erst, als ein neuer Bürgermeister den Chefsessel im Rathaus einnimmt: Hans Schmieder (1866-1932). „Er erklärte das Vorhaben zur Chefsache und sorgte dafür, dass die Stadt Eisenach das Nutzungsrecht an der Heilquelle bei Wilhelmsglückbrunn erwarb",

„Er erklärt das Vorhaben zur Chefsache und sorgte dafür, dass die Stadt Eisenach das Nutzungsrecht an der Heilquelle bei Wilhelmsglückbrunn erwarb."

beschreibt Ines Falkenhain seine Verdienste. Die Heilung versprechende Wirkung des Quellwassers wird bereits 1843 von dem Eisenacher Hofapotheker Sinnhold bestätigt: „Die Wilhelmsglücksbrunner Sol- und Mineralquelle habe ich auf Veranlassung des Besitzers einer chemischen Untersuchung unterworfen und bin durch das Resultat derselben so überrascht worden, daß ich es für meine Pflicht halte, die Ärzte aufzufordern, dieser Quelle ihre Aufmerksamkeit zu schenken." Dr. Reinhard Brunner schreibt über das Wirken Schmieders im Vorfeld der Planungs- und Umsetzungsphase dazu im *Denkmalgeflüster*: „Der fertigte sogleich eine Denkschrift darüber, wie rosig Eisenachs Zukunft als Weltbad aussehen könnte. Er erkannte auch, dass eine Wandelhalle, in der das Wilhelmsglücksbrunner Heilwasser künftig sprudeln sollte, unverzichtbar sein würde."

Und so gründet sich schließlich 1905 die *Kurbad-Eisenach-Gesellschaft*, die in der Folge auch einen Architekturwettbewerb für die Wandelhalle ausschreibt. Johannes Bollert aus Dresden entscheidet selbigen für sich. Sein Entwurf sieht als Zentrum einen großen Pavillon vor, dessen Vorbau als Brunnenstube genutzt werden soll. Als Verbindung zu den Eckpavillons sollen flachere Hallen dienen. Die U-Form erhält das Ensemble durch zwei kurze Seitenflügel, die gemeinsam mit dem Haupttrakt einen Innenraum schaffen, in dem der eingebaute Musikpavillon wiederum das Zentrum bildet. Die so gestaltete Wandelhalle wird am 9. Juli 1906 als Teil des Kurbetriebs feierlich eingeweiht. Doch bevor bei dem Festakt das Solewasser im Brunnenhaus aus dem Trinkbrunnen fließen kann, muss erst noch eine kilometerlange Leitung von Wilhelmsglücksbrunn verlegt werden.

Anfangs entwickelt sich der Kurbetrieb durchaus erfreulich, der Erste Weltkrieg bringt aber einen erheblichen Einbruch und auch in den Folgejahren stagnieren die Zahlen. Das endgültige Aus kommt dann Ende der 1930er-Jahre.

Nach 1945 finden zwar zumindest wieder Musikveranstaltungen in der Wandelhalle statt, doch die Zeit setzt dem Gebäude stetig zu und es werden immer wieder nur notwendigste Sanierungen durchgeführt. „Zwischenzeitlich drohte sogar der Abriss, der aber zum Glück nicht stattgefunden hat", erzählt Ines Falkenhain.

Zu einer neuen Nutzung kommt das geschichtsträchtige Gebäude aber erst 1998, und daraufhin

> *„Zwischenzeitlich drohte sogar der Abriss, der aber zum Glück nicht stattgefunden hat."*

erfolgt eine großangelegte und umfassende Sanierungsmaßnahme, die in mehreren Etappen einen Zeitrahmen von 2004 bis zum Abschluss im Sommer 2018 überspannte. „Inzwischen stellt die Wandelhalle einen großartigen Rahmen für ein vielseitiges kulturelles Programm dar, von Musikveranstaltungen bis zum Weinfest", berichtet die Gästeführerin.

Heute wie damals laden die Wege im Kartausgarten zum Spazieren und Flanieren ein. Und die eine oder andere Dame wird dem einen oder anderen Herrn sicherlich immer noch betörende Blicke unter gesenkten Lidern zuwerfen. Wenn sie vermutlich auch keinen Sonnenschirm in ihren Händen hält.

Melanie Kunze

....

So geht's zum Musik-Pavillon:

Der Musikpavillon liegt auf der Rückseite der Wandelhalle und kann über den Kartausgarten erreicht werden.

31

M

Wenn der Name schützt

D ie beste Zeit, um dieses Geheimnis zu entdecken, ist der Herbst oder der Winter, wenn die Bäume ihr Laub verloren haben und nichts den Ausblick verdecken kann, außer vielleicht der für diese Jahreszeit typische Nebel. Doch selbst wenn kein Laub an den Bäumen hängt, ist dieses Relikt nicht so einfach auszumachen. Zu weit oben ist das goldene, über sieben Meter hohe M in der Felswand des Breitengescheids eingehauen.

Margit Stephan hat den Buchstaben allerdings entdeckt – und sie weiß auch, worauf er hinweisen soll: „Das M steht, ähnlich wie das A an der Drachenschlucht, für eine russische Zarentochter, die eng mit der Stadt verbunden war", weiß die Gästeführerin. Es erinnert an Maria Pawlowna (1786-1859), Gattin des Erbprinzen Carl Friedrich von Sachsen-Weimar-Eisenach (1783-1853). Die Hochzeit Marias mit Carl Friedrich fand am 3. August 1804 in St. Petersburg statt, nicht, wie sonst üblich, im Hoheitsgebiet des Bräutigams. Das russische Zarenhaus bestand darauf – wie bei allen seinen Hochzeiten.

Die Mitgift der damals 18-Jährigen war enorm: Einige hunderttausend Rubel – ein sagenhaftes Vermögen – floss in das von finanziellen Nöten arg gebeutelte Herzogtum. Schiller bezeichnete diese Mitgift als „gute Acquisition", wie Prof. Dr. Detlef 2016 in seinem Artikel *Hass und Leidenschaften: Großherzog Carl Friedrich und seine Frau* schreibt. Bei ihrer Heimreise von Russland zur Residenz in Weimar kamen die Frischvermählten 1805 auch nach Eisenach. Hier wurde „unsere Höchstverehrteste Frau Großherzogin Maria Pawlowna, [die] als Höchstdieselbe mit der großherzoglichen Familie zum erstenmal das hiesige Fürstenthum mit Ihrer höchsten Gegenwart beglückte, von Eisenachs Bewohnern, bei einer Fahrt nach Wilhelmsthal, feierlich und jubelnd empfangen", schreibt Johann Wilhelm Storch 1837 in seinem Werk *Topographisch-historische Beschreibung der Stadt Eisenach, sowie der sie umgebenden Berge und Lustschlösser*. Und um an diesen

Groß und golden hebt sich das M von der Wand ab.

denkwürdigen Tag zu erinnern, „glänzt an der gegenüberstehenden hohen Felsenklippe der Anfangsbuchstabe Ihres höchsten Namens, ein großes M", fährt Storch fort.

Noch eine weitere Ehre ließ man Maria Pawlowna, der geborenen Großfürstin von Russland – ihr Vater war Zar Paul I. (1754-1801), ihre Großmutter Katharina die Große (1729-1796) – angedeihen: Das ehemalige Frauenthal wurde „als ein ehrendes Denkmal, mit dem Namen Marienthal (sonst Frauenthal) belegt", so Storch. Dieses war, im Gegensatz zu heute, zu der Zeit nicht bewaldet, doch ab etwa 1830 ließ Oberforstrat Gottlob König (1779-1849) das Gebiet aufforsten. Zahlreiche Spazierwege wurden erschlossen, um den Besuchern die Schönheiten der Landschaft um die Wartburg herum zu zeigen. „So hatte Forstrat Gottlob König schon damals den touristischen Weitblick", erklärt Margit Stephan (siehe Geheimnis 17). Marias Sohn Carl Alexander (1818-1901) bezeichnete das Tal 1878 sogar als „das ganz verwachsene Marienal bei Eisenach", wie der Verein zur Erhaltung des Eisenacher Südviertels berichtet.

Dass Maria nach Sachsen-Weimar-Eisenach kam, war ein richtiger Glücksfall für das Herzogtum, das nach dem Wiener Kongress 1814/1815 in den Rang eines Großherzogtums aufstieg und sich auch territorial etwas vergrößerte. Sie schaffte es, den Komponisten Franz Liszt (1811-1886) an den Weimarer Hof zu holen. „Aber auch politisch bewirkte sie viel, denn hinter ihr stand nicht nur ihr Gatte, sondern eben auch ihre Familie, die Dynastie der Romanows, und damit das russische Zarenreich", erzählt Margit Stephan. Das Herzogtum konnte sich erfolgreich dem Rheinbund Napoleon Bonapartes (1769-1821) verweigern, die Macht Russlands stärkte ihm den Rücken, auch war es mit Preußen verbündet. Doch nach der Doppelschlacht von Jena und Auerstedt 1806, in der Napoleon siegte, musste Maria mit ihrem Mann fliehen und kehrte erst ein Jahr später nach dem Frieden von Tilsit zurück. Auch hier erwies sich die verwandtschaftliche Verbindung zum Zaren-

„Aber auch politisch bewirkte sie viel, denn hinter ihr stand nicht nur ihr Gatte, sondern eben auch ihre Familie, die Dynastie der Romanows, und damit das russische Zarenreich."

reich als hilfreich, denn Napoleon strebte einen Ausgleich mit Russland an. Anders als viele andere deutsche Territorialherrschaften konnte Sachsen-Weimar-Eisenach seine Unabhängigkeit bewahren. Wie bedeutend der Schutz des russischen Verbündeten und der Name Maria Pawlowna war, zeigt ein Bericht des ehemaligen ostpreußischen National-Kavallerie-Regiments nach der Völkerschlacht bei Leipzig. Die Erinnerung des unbekannten Soldaten schildert Folgendes, als er mit „mehreren Kameraden eine Nacht an der Straße, die hinter Eisenach ziemlich steil bergauf rechts von der Wartburg führt", schlief: „In und bei Eisenach sah man oft an den Hausthüren mit russischen Buchstaben Semlya Maria Pawlowna (Land der ‚Maria Pawlowna'), um russische Soldaten abzuhalten." Auch verbündete Soldaten wa-ren gefährlich, auch sie konnten marodieren und plündern.

So hinterließ Maria also auch in Eisenach Spuren. „Ihren Namen findet man immer wieder in der Stadt, und den Anfangsbuchstaben ihres Namens kann man wunderbar von der Wartburg

> „Ihren Namen findet man immer wieder in der Stadt, und den Anfangsbuchstaben ihres Namens kann man wunderbar von der Wartburg aus sehen, in Gold!"

aus sehen, in Gold!", erklärt Margit Stephan und freut sich, dass das M erst 2016 vom Verein zur Erhaltung des Eisenacher Südviertels neu angestrichen und die Sichtachse wieder freigeschnitten wurde.

Mike Durlacher

....

So geht's zum M:

Das goldene M befindet sich an der Wichmannpromenade, an der Felswand des Breitengescheids, in einigen Metern Höhe.
Sehr gut ist es auch von der Zugbrücke der Wartburg aus zu sehen.

32

Monogramm

Gekonnt in Szene gesetzt

*J*SB steht, kunstvoll geschwungen, am Tor der Georgenkirche geschrieben. Gästeführerin Eva Hedwig hält stets inne, wenn sie an dem Initial vorübergeht. Und wenn sie die Kirche betritt, betrachtet sie es ganz bewusst. Das Monogramm befindet sich am Eingang des Gotteshauses, in dem der große Musiker Gottes Segen empfing: Johann Sebastian Bach (1685-1750). „Bach ist in Eisenach omnipräsent, bezeichnete er sich doch ein Leben lang als ,isenacus' – von Eisenach." Hier lernte er alle Facetten der Musik des ausgehenden 17. Jahrhunderts kennen und schätzen. „Dass seine ansonsten glückliche Kindheit von schweren Schicksalsschlägen erschüttert wurde, ist hingegen weniger bekannt", hat die ehemalige Leiterin der Volkshochschule beobachtet. Und genau deshalb ist ihr dieses Initial am Gotteshaus so wichtig, in das der kleine Sebastian von seinem Paten und Namensgeber, dem Stadtpfeifer Sebastian Nagel aus

Gotha (gest. 1687), getragen wurde, als er noch Mutter und Vater hatte.

„Noch bevor Johann Sebastian Bach 1685 in Eisenach geboren wurde, nahm sein Vater Johann Ambrosius Bach hier 1671 eine Stelle als Leiter der Ratsmusik an", beginnt Eva Hedwig über die Anfänge der Familie in der Wartburgstadt zu erzählen. In ihrem Buch *Johann Sebastian Bach* schreibt Dorothea Schröder über die Aufgaben des Vaters, dass er „[…] zusammen mit drei Gesellen und einem Lehrling zweimal täglich Choräle vom Rathausturm ‚abzublasen', d. h., auf Zinken und Posaunen zu spielen" habe, und „an Sonn- und Feiertagen wirkte das Ensemble im Gottesdienst mit". Zusätzlich hatte Johann Ambrosius Bach (1645-1695) das Privileg, bei Hochzeiten in Eisenach und Umgebung aufspielen zu dürfen. Der Rat der Stadt Eisenach war von dem Musiker derart begeistert, dass er ihm attestierte, er habe „sich in seiner Profession dermaßen qualificirt, daß er sowohl mit vocal- als in(s)-trumental Music beym Gottes Dienst vnd ehrlichen Zusammenkünften mit hoch vndt niedrigen Standespersonen guter vergnügung aufwarten kann, also, daß wir unß desgleichen soweit wir gedencken, hiesigen Orths nicht erinnern".

Obwohl er hoch angesehen war, reichten die Einkünfte doch nur knapp, um die Familie über Wasser zu halten, und so beantragte Johann Ambrosius ein gutes Jahr vor der Geburt von Johann Sebastian Bach seine Verabschiedung aus dem Dienst. Er wollte sich einen besseren Job suchen, bei dem er mehr verdiente. „Dies wurde ihm jedoch verweigert, da der Rat nicht auf ihn verzichten wollte, und so musste er bleiben und war in Amt und Würden, als sein Sohn das Licht der Welt erblickte", erklärt die ehemalige Volkshochschulleiterin.

Johann Sebastian Bach ist der jüngste Sohn der Familie. Geboren wird er nicht im Bachhaus auf dem Frauenplan, sondern in der Fleischergasse, der heutigen Lutherstraße. „Sein Geburtshaus steht leider nicht mehr", sagt die Eisenacherin, „aber es wäre auf dem Grundstück mit der heutigen Hausnummer 35 gewesen." Der kleine Johann Sebastian wird in einen lebhaften Haushalt hineingeboren, in dem neben seinen zahlreichen Geschwistern Lehrlinge und weitere Verwandte leben. Und: Natürlich ist es ein Haus der Musik, die ihm schon in jungen Jahren nahebracht wird. „Sein Vater gab ihm die ersten Geigenstunden. Jedoch weckte der Cousin seines Vaters, Johann Christoph Bach, seit 1665 Organist der Georgenkirche, in ihm die Liebe zur Orgel", sagt die geschichtskundige Eisenacherin. „Johann Sebastian schwärmte später seinen eigenen Kindern von seinem Onkel vor, und er sah in ihm einen profunden Komponisten, dessen Werke er auch gerne aufführte."

Als er ins Schulalter kommt, besucht Johann Sebastian zunächst eine deutsche Schule und dann die Lateinschule. „Auffällig war hier", sagt Eva Hedwig, „dass Johann Sebastian oft deutlich jünger war als seine Mitschüler und schon früh auch großes Talent für die schulischen Fächer zeigte."

Und dann ziehen dunkle Wolken über dem Leben des bis dahin so glücklichen Kindes auf: Im Mai 1694 stirbt seine Mutter Elisabeth. Da sich Ambrosius Bach um mehrere minderjährige Kinder zu kümmern hat, heiratet er im November des gleichen Jahres Barbara Margaretha Bartholomäi. „Die Witwe brachte ebenfalls zwei Kinder in die Ehe mit. Doch bevor die – heute würde man *Patchwork*-Familie sagen – richtig zueinander gefunden hat, kommt es zu einem weiteren tragischen Schicksalsschlag", berichtet die Eisenacherin. Nach gerade drei Ehemonaten stirbt Johann Ambrosius am 20. Februar 1695. Noch nicht einmal zehn Jahre ist der kleine Johann Sebastian alt – und schon Vollwaise.

Seine Stiefmutter kann sich allein schon aus finanziellen Gründen nicht weiter um ihn kümmern, nun muss Johann Sebastian auch noch die Trennung von seiner älteren Schwester verkraften: Maria Salome (1677-1728) geht zu Verwandten nach Erfurt. Johann Sebastian und Johann Jakob kommen in Ohrdruf bei ihrem 14 Jahre älteren Bruder Johann Christoph (1671-1721) unter, der den väterlichen Haushalt bereits ein Jahr nach Johann Sebastians Geburt verlassen hatte, um in Erfurt bei dem berühmten Organisten Johann Pachelbel (1653-1706) zu studieren.

Mit der Zeit wird der Platz im Haushalt des Bruders aber auch knapp, da sich dessen Familie vergrößert. Zudem verliert Johann Sebastian seinen Freitisch, „damals erhielten manche Studenten unentgeltlich Mahlzeiten", erklärt Eva Hedwig diese frühe Form eines Stipendiums. Deshalb muss er im Jahr 1700 weiterziehen. Mit Glück und Kontakten bekommt er in Lüneburg einen Schulplatz als Chorschüler der Michaelisschule. Georg Böhm (1661-1733) setzt die musikalische Ausbildung Johann Sebastians fort.

Nach zahlreichen Zwischenstationen findet er 1723 schließlich seine langjährige und letzte Heimat in Leipzig als Thomaskantor. Er hat dort ein Auskommen, verdient mit seiner Musik aber keineswegs so gut, wie es seine heutige Berühmtheit vermuten lässt: „Bach war zu seinen Lebzeiten zwar in Fachkreisen durchaus auch als Komponist bekannt, aber man schenkte ihm diesbezüglich weniger Beachtung als anderen Komponisten", resümiert die Eisenacherin. „Doch als Organist und Cembalovirtuose war er europaweit geachtet."

Das lässt sich auch den Worten des Musikkritikers Johann Adolf Scheibe (1708-1776) entnehmen, der 1737 in *Der Critische Musicus, Sechstes Stück* schrieb: „Ich habe diesen grossen Mann unterschiedene mahl spielen hören. Man erstaunet bey seiner Fertigkeit, und man kann kaum begreifen wie es möglich ist, daß er seine Finger und seine Füsse so sonderbar und so behend in einander schrenken, ausdehnen und damit die weitesten Sprünge machen kan, ohne einen einzigen falschen Ton einzumischen oder durch eine so heftige Bewegung den Körper zu verstellen."

„Die Biografie Bachs und auch seine Person faszinieren mich immer wieder aufs Neue", schließt Eva Hedwig und streicht mit den Fingern vorsichtig über das Monogramm. Besonders berührt sie aber Sebastians Geschichte, der in der Musik Heimat und Halt fand.

Melanie Kunze

So geht's zum Monogramm:

Das Monogramm ist am Eisengitter beim Eingang der Georgenkirche, auf der Südseite des Marktplatzes, angebracht.

Panzerreiter

Die Umdeutung eines Denkmals

Brachial und martialisch anmutend sitzt der Krieger im Sattel seines sich aufbäumenden Pferdes, die lange Lanze zum finalen Stoß nach unten gerichtet. Seine ganze Kraft liegt in diesem Stoß, der dem Ungetüm zu seinen Füßen, das gierig und furchteinflößend sein Maul aufgerissen hat, den Garaus machen soll. „Die Szene erinnert an die bekannte Georgs-Legende, die in Eisenach allgegenwärtig ist", beschreibt Michael Kellner das Standbild, das auf einem etwa zwei Meter hohen Granitsockel auf dem Jakobsplan steht. „Dabei war das gar nicht die ursprüngliche Intention hinter dem Denkmal. Denn mit dieser Statue sollte nicht des Heiligen gedacht, sondern das 2. Panzerregiment geehrt werden, das am 20. Oktober 1935 hier aufgestellt wurde."

Die Statue war 1939 am Ludendorffwall, der heutigen Ernst-Thälmann-Straße, vor dem Offizierskasino er-

> *„Mit dieser Statue sollte nicht des Heiligen gedacht, sondern das 2. Panzerregiment geehrt werden, das am 20. Oktober 1935 hier aufgestellt wurde."*

richtet worden. Geschaffen hat sie der gebürtige Salzburger Erich Windbichler (1904-1963), der 1932 auf Betreiben seiner Mäzenin Anna Hilaria Preuß (1873-1948) nach Eisenach übersiedelte. Windbichler wurde 1944 eingezogen und gilt seitdem als verschollen.

Dass Eisenach die Heimat des 2. Panzerregiments wurde, hängt mit dessen Entstehungsgeschichte zusammen, die mit dem Bruch des Versailler Vertrags durch die nationalsozialistische Regierung Adolf Hitlers (1889-1945) beginnt. Hitler beschloss gegen den Widerstand der anderen europäischen Mächte im März 1935 die Wiedereinführung der Wehrpflicht und die Aufstockung der Reichswehr auf 580.000 Mann. Und das, obwohl das Deutsche Reich laut Vertrag nur ein 100.000 Personen umfassendes Heer haben durfte. Im Zuge dessen führte Hitler verbotenerweise die Panzerwaffe in die entstehende

---

Michael Kellner weiß über die Umdeutung des Denkmals Bescheid.

127

Wehrmacht ein. Hierzu wurde das Reiter-Regiment Breslau umgewandelt und mit dem Kraftfahrlehr-Kommando vereint, beide unterstanden der 1. Panzerdivision, die im thüringischen Raum in Garnison lag. Die Kavallerieeinheit bestand aus Kürassieren, das sind schwere, mit einem Brustpanzer und Helm gepanzerte Reiter, und Dragonern – berittener Infanterie. Da die Reiter oft von eher kleiner Statur waren, um die Pferde nicht mit unnötigem Ballast zu beschweren, waren diese Einheiten besonders geeignet, sich in den engen Panzern aufzuhalten. „Diese Waffengattung war noch recht jung, sie wurde erst im Ersten Weltkrieg erfunden, und erfüllte zunächst Aufgaben, die der Kavallerie ähnlich waren", erläutert der Historiker. Noch heute spiegelt sich das im militärischen Jargon wider, denn man sagt, es wird auf ein Fahrzeug „aufgesessen".

Um der Tradition gerecht zu werden, wurde der Panzerreiter als Symbol für die neue Panzerwaffe gewählt. „Der Reiter auf dem Denkmal ist wie ein Kürassier gerüstet, trägt aber keinen Helm. Zum einen aus künstlerischem Grund, um die Gesichtszüge des Heroen erkennbar zu machen, zum anderen trugen die Kürassiere gegen Ende keine Helme mehr, da diese kaum noch Schutz gegen die Feuerwaffen boten", weiß Michael Kellner.

Der Ästhetik der Zeit geschuldet, wirkt der Panzerreiter äußerst martialisch.

1944, als die ersten Bomben auf Eisenach fielen – lange war die Stadt von diesem Trauma verschont geblieben – wurde das Denkmal in Sicherheit gebracht und eingelagert. Nach dem Zweiten Weltkrieg zogen nach der Befreiung durch die Amerikaner die sowjetischen Besatzer ein. Diese zerstörten alles Militaristische oder schmolzen es ein, um es als Reparationszahlung in die Sowjetunion zu schicken. Sogar mittelalterliche Kanonen und Säbel mussten dran glauben. Dieses Schicksal drohte auch dem eingelagerten Panzerreiter, der aus massivem Metall gefertigt war. Doch da die Szene, die den Panzerreiter im Kampf mit dem Ungetüm zeigt, als Georgsdenkmal durchging – und den Eisenachern die Statue auch gefiel – konte der Stadtrat die Militärverwaltung davon überzeugen, den Panzerreiter in der Stadt zu lassen. Dass das Denkmal ursprünglich gar nicht dem heiligen Georg gewidmet war und obendrein einen nationalsozialistischen und militaristischen Hintergrund hatte, wurde dabei wohlweislich verschwiegen.

„Einstimmig konnte der Erhalt des Denkmals beschlossen werden, sogar die SED-Funktionäre spielten mit."

„Einstimmig konnte der Erhalt des Denkmals beschlossen werden, sogar die SED-Funktionäre spielten mit", erzählt Michael Kellner und fährt fort: „Oft wird noch gemunkelt, dass dieser Panzerreiter nicht der Originale ist, sondern ein Nachguss. Das stimmt aber nicht. Es gab einen zweiten Guss, der stand aber in Breslau und ist im Laufe der Zeit verschwunden."

Und so steht der originale Panzerreiter seit 1947 in kriegerischer Pose auf dem Jakobsplan und mimt den Stadtheiligen Sankt Georg, der sich sogar im Stadtwappen wiederfindet (siehe Geheimnis 17). „Kinder wundern sich vor allem über das Ungeheuer, das für sie eher – dank Hollywood – wie ein niedliches Krokodil als wie ein Drache aussieht", sagt Michael Kellner und muss schmunzeln.

Mike Durlacher

So geht's zum Panzerreiter:

Der Panzerreiter steht unübersehbar auf dem Jakobsplan vor der Eisenacher Wohnbaugesellschaft.

34

Tür

Hinter Schloss und Riegel

D urch diese Tür am Storchenturm schritt einmal – ganz und gar unfreiwillig – ein mutiger Mann. Einer, der zu seinem Glauben stand, sich nicht beirren ließ, sich nicht beugte. Er war Wiedertäufer und sein Name Fritz Erbe (um 1500-1548). Hinter ebenjener Türe musste er jahrelang ausharren, er soll laut der am Storchenturm angebrachten Steintafel von *1533-1540 hier eingekerkert* gewesen sein. Außer über seinen unfreiwilligen Aufenthalt im sogenannten Storchenturm – einer der Wachtürme der ehemaligen Stadtmauer – gibt die Tafel über den Insassen preis, dass er *aus Herda war*. „Was die Tafel jedoch nicht verrät, ist, wie es ihm in der Zeit hinter Schloss und Riegel im Storchenturm erging", sagt Gästeführerin Anke Kretzschmar, „und warum der Umstand, dass er Wiedertäufer war, so bedeutsam für Eisenach wurde. Denn Fritz Erbe stand symbolisch für den Widerstand gegen die Kirche und den Staat, und die Eisenacher zeigten sich mit ihm solidarisch."

Die Wiedertäuferbewegung hat ihren Ursprung im zweiten Viertel des 16. Jahrhunderts. Ausgehend von der Schweiz, breitete sie sich schnell aus und drang bereits 1528 über Hessen bis zu den lutherischen Gebieten vor. „Die Wiedertäufer unterschieden sich in bestimmten Punkten stark von der Reformation, die Luther angestoßen hatte, man kann sie als den linken Part der Reformation verstehen", führt die Gästeführerin aus.

Sie sahen sich als Nachfolger Christi, die Kirche fassten sie als Bruderschaft auf, die sich zur Gewaltlosigkeit bekennt. Sie setzten das Neue Testament wortgetreu um, was mit Konsequenzen in Bezug auf die Sakramente verbunden war, denn sie favorisierten die Erwachsenentaufe und lehnten die Säuglingstaufe ab. Sie forderten Glaubensfreiheit, die Trennung von Kirche und Staat und das Recht zur Eidverweigerung einem Lehnsherrn gegenüber. All das gefiel weder der Obrigkeit noch den Amtskirchen und führte dazu, dass die Wiedertäufer verfolgt

---

Anke Kretzschmar hat sich intensiv mit der Lebens- und Leidensgeschichte des Mannes beschäftigt, der hier hinter Schloss und Riegel saß.

wurden. „So auch Fritz Erbe, der in Herda einen Bauernhof hatte",
beginnt die Wahleisenacherin zu erzählen. Im Oktober 1531 wurde er
das erste Mal in Hausbreitenbach verhaftet, da er sich weigerte, sein
Kind taufen zu lassen. Die Wiedertäufer, und so auch Erbe, lehnten
die Säuglingstaufe deshalb ab, weil sie davon ausgingen, dass sie ohne
Heilserfahrung nichts nützen werde. Erbe stand mit seiner Meinung
in seinem Dorf nicht allein da: In der Hochphase zählte die halbe Dorf-
bevölkerung zu den Wiedertäufern.

Treibende Kraft hinter Erbes Verhaftung war Justus Menius (1499-
1558). 1529 wurde er als Diakon in Eisenach eingesetzt und kurze Zeit
später zum evangelischen Superintendenten erhoben: Bei der Verhaftung berief er sich auf das sogenannte Wiedertäufermandat, das auf
dem Reichstag zu Speyer 1529 von allen Ständen beschlossen worden
war: Wer die Kindstaufe eines Neugeborenen verweigere, solle mit
dem Tode bestraft werden. Wer aber wiederrufe und seine Schuld
anerkenne, solle begnadigt werden. „Da Landgraf Philipp I. von Hessen ihn begnadigt hatte, geht man davon aus, dass er wiederrufen hat",
schildert Anke Kretzschmar die Umstände von Erbes Freilassung
1532.

Doch der Wiedertäufer blieb nur ein Jahr auf freiem Fuß, bevor
er im Januar 1533 erneut verhaftet und in den Storchenturm gebracht
wurde. Diesmal warf man ihm vor, dass er der gesuchten Wiedertäu-
ferin Margarethe Koch Unterschlupf gewähre und diese bei sich wohnen lasse. Kurfürst Johann Friedrich I. (1503-1554) von Sachsen forderte die Todesstrafe. Landgraf Philipp I. (1504-1567) von Hessen
zögerte jedoch, einen Mann nur aufgrund seines Glaubens hinzurich-
ten. „Die beiden übten gemeinsam die Jurisdiktion in Eisenach aus",
nennt die Gästeführerin den Grund für diesen Konflikt zwischen den
beiden Fürsten. Johannes Janssen gibt in der *Geschichte des Deutschen
Volkes seit dem Ausgang des Mittelalters* eine Aussage von Fritz Erbe in
einem Verhör von 1534 wieder: „Wenn jemand zur Lehre und zum
Worte Gottes komme und dasselbe annehme und Gott erkenne, so
wäre ihm an der ersten Taufe genug; aber Jeder habe die Freiheit, sich
noch einmal taufen zu lassen." Die folgenden Sätze Erbes dürften seine
Lage deutlich verschlechtert haben: „Ihn habe sein Gewissen dazu
getrieben, dieß zu thun. Ferner könne er in seinem Gewissen nicht

glauben, daß Christus mit Leib und Blut im Sacrament wahrhaftig zugegen sei." Erbe dachte nicht daran, diese Aussagen zu widerrufen, und musste somit im Storchenturm, zu dem die Türe gehörte, in Gefangenschaft bleiben.

„Mit der Zeit wurde Fritz Erbe zu einem Symbol für den Wiederstand, sowohl gegen den Staat als auch die Kirche", erläutert die Gästeführerin. Er fand in Eisenach viele Befürworter und Sympathisanten. Zweien davon ging es 1537 nicht nur sprichwörtlich an den Kragen: Sie wurden hingerichtet. 1539 kam es zu weiteren Verhaftungen seiner Anhänger.

„Sowohl der Landgraf als auch der Kurfürst wollten den Aufruhr um Fritz Erbe beenden und hofften, die Verlegung des Gefangenen 1540 würde zu einer Beruhigung führen", benennt Anke Kretzschmar den Grund, warum sich für ihn die Türe nach acht Jahren erstmals öffnete. Doch für Erbe bedeutete dies nichts Gutes, denn er wurde nun in das zehn Meter tiefe Verlies des Südturmes auf die Wartburg gebracht. Dort herrschte neben absoluter Finsternis auch Eiseskälte. „Es hatte auch nur einen Zugang über das sogenannte Angstloch", beschreibt die Gästeführerin. In der langen Zeit, die Erbe dort unten in der Dunkelheit saß, ritzte er seinen Namen in einen der Steine.

Für Fritz Erbe öffnete sich keine Türe mehr: Jahr für Jahr musste er in dem schaurigen Gefängnis verbringen, während sich sein Gesundheitszustand zunehmend verschlechterte. Doch er hielt an seinem Glauben fest und starb 1548, ohne seine Aussagen je widerrufen zu haben.

Melanie Kunze

....

So geht's zur Tür:

Die Tür führt in den Storchenturm, der, von der Georgenstraße kommend, am unteren Ende des Alten Friedhofs steht.

35

Inschriften

Geweihter Rohbau

Auf der Südseite des Eisenacher Marktes steht ein im Stil des Klassizismus errichtetes Gebäude, an dem zwei Inschriften angebracht sind. Über dem linken Eingang kann man lesen *DEN III. SEPT.* und über dem rechten *MDCCCXXV.*, hier steht also „3. September 1825" in römischen Zahlen geschrieben. Und an ebenjenem Tag herrschte in dem Gebäude, das heute von der Inschrift geziert wird, großer Betrieb: Die offizielle Eröffnung des ersten reinen Schulzweckbaus in Eisenach, der heutigen Georgenschule, stand kurz bevor – fast zwei Jahre nach der Grundsteinlegung.

„Es gab zwar schon sieben *Teutsche Schulen* in Eisenach, aber die dort vermittelten Kenntnisse waren nicht mehr ausreichend für die Anforderungen, die durch die Industrialisierung gestellt wurden", schildert Helga Stange die damaligen Umstände in Eisenach. Selbst ein Fabrikarbeiter benötigte für die Bedienung der Maschinen Wissen, das in den Teutschen Schulen nicht vermittelt wurde. Dazu kam noch, dass diese Elementar- und Stadtviertelschulen sich samt und sonders in schlechtem Zustand befanden.

Deshalb wurde beschlossen, dass nicht nur eine neue Schulform gefunden, sondern auch ein neues Gebäude dafür errichtet werden müsse. Dieses Vorhaben war aber für die Stadt, die schon immer mit knappen Finanzen zu kämpfen hatte, gleich ein paar Nummern zu groß – weshalb Großherzog Carl August von Sachsen-Weimar-Eisenach (1757-1828) um Hilfe gebeten wurde.

Das Gesuch hatte Erfolg: Carl August stellte den Grund und Boden sowie das Bauholz kostenlos zur Verfügung. „Hier kam den Eisenachern sicherlich der Umstand zupass, dass das 50. Regierungsjubiläum Carl Augusts nicht nur mit Festlichkeiten begangen werden sollte, sondern auch mit bleibenden Stiftungen, gemeinnützigen Bauwerken und Verschönerungen aller Art", folgert die Eisenacherin. Ein halbes Jahrhundert zuvor, am 3. September 1775, hatte Carl August,

---

Helga Stange hat sich mit der Bedeutung der Inschrift: „den III. Sept." beschäftigt.

nachdem er an seinem 18. Geburtstag für volljährig erklärt worden war, die Regierungsgeschäfte von seiner Mutter Anna Amalia (1739-1807) übernommen.

Der junge Großherzog hatte 1774 Johann Wolfgang Goethe (1749-1832) kennengelernt – es entstand eine tiefe Freundschaft zwischen den beiden. Der Dichter, Naturwissenschaftler und Staatsmann Goethe brachte sich auch aktiv in die Baupläne zur Bürgerschule ein. Mit Clemens Wenzeslaus Coudray (1775-1845), dem Oberbaudirektor des Großherzogtums, diskutierte er unter anderem angeregt über die Schönheit des Treppenhauses, denn er war der Meinung, dass in einem solchen kein Schüler randalieren würde. Grundgedanke war: Eine schöne Umgebung sollte sich positiv auf das Lernen auswirken. „Goethe nahm aber nicht nur Einfluss auf die Gestaltung des Baus, sondern er ließ sich auch die Eröffnungsrede zur Einweihung vorlegen", sagt Helga Stange.

Auch wenn die Inschrift „3. September 1825" etwas anderes vermuten lässt, die feierliche Eröffnung fand erst zwei Tage später statt, da der Herzog am 3. September seinen 68. Geburtstag feierte. Und genutzt werden konnte das Gebäude auch noch nicht: Ringsum fehlte das Pflaster, die Toiletten waren noch nicht fertig und es gab keine Öfen, mit denen die Räume geheizt werden konnten. So mussten sich die zukünftigen Schüler noch ganze neun Monate gedulden, bevor der Unterricht an diesem Ort begann.

Melanie Kunze

So geht's zu den Inschriften:

Die Inschriften sind über dem linken und rechten Eingang an der Westseite der Georgenschule am Georg-Philipp-Telemann-Platz zu finden.

Mittelpunkt der Grabanlage ist die Büste des Dichters.

Büste

Niederdeutsche Dichtung in Eisenach

„Wenn Mecklenburger erfahren, dass *ihr* Reuter in Eisenach begraben ist, gibt es oft fragende Gesichter", berichtet Ina Conrad. Man kann ganz andächtig werden, wenn man auf dem Friedhof vor dem Grab von Fritz (1810-1874) und Luise Reuter (1817-1894) steht und die Büste des Dichters betrachtet. Besonders berührt Ina Conrad die Grabinschrift, die an die hingebungsvolle Ehefrau erinnert – und die Dankbarkeit ihres nicht immer einfachen Ehemanns zum Ausdruck bringt. Denn mit ihr kam das Glück in sein Leben – und die Dichtung, die ihn dereinst berühmt machen sollte.

Fritz Reuter ist der Sohn von Georg Johann Reuter (1776-1845), Bürgermeister und Stadtrichter von Stavenhagen im östlichen Mecklenburg-Schwerin. Der Vater zeigt sich von seinem Sprössling jedoch sehr enttäuscht und hadert zeitlebens mit ihm: Seine Entwicklung

137

entspricht einfach nicht dem, was der Vater sich für ihn vorgestellt hat. „Der junge Reuter war ein begabter Zeichner und äußerte seinem Vater gegenüber den Wunsch, Maler zu werden", beschreibt die Gästeführerin. Die anderen Schulfächer lässt er, bis auf das Turnen, schleifen und zeigt nicht die vom Vater gewünschte Disziplin. Ganz verscherzen will der junge Mann es sich mit seinem Vater jedoch nicht, und so folgt er 1831 dann doch dessen Wunsch, das Studium der Jurisprudenz in Rostock aufzunehmen. Kurz ist Georg Johann Reuter in Glück, doch dann ist es auch schon wieder vorbei mit den Vaterfreuden: Der Sohn bereitet weiterhin Kummer. In Rostock hat er Startschwierigkeiten, deshalb wechselt er nach Jena, wo er sich der radikalen Ausprägung der Allgemeinen Burschenschaft Germania anschließt. Eine Mitgliedschaft, die für den 22-jährigen schwere Folgen haben wird.

Schwere Anschuldigungen werden gegen ihn erhoben. Seit 1833 interniert, muss Fritz Reuter lange warten, bis er endlich sein Urteil bekommt. Erst am 4. August 1836 wird der verhängnisvolle Schuldspruch gesprochen: Wegen „Teilnahme an hochverräterischen burschenschaftlichen Verbindungen in Jena und Majestätsbeleidigung" wird er zum Tode verurteilt. Doch sein Leben kann gerettet werden: „Rund ein halbes Jahr später kam es zur Begnadigung und das Todesurteil wurde in eine 30-jährige Festungshaft

„Rund ein halbes Jahr später kam es zur Begnadigung und das Todesurteil wurde in eine 30-jährige Festungshaft umgewandelt."

umgewandelt", beschreibt die Eisenacherin weiter. Doch schon 1840 kommt er frei, weil seine Haftzeit verkürzt wird.

„Im Anschluss versuchte er vergebens, sein Studium wiederaufzunehmen", schildert die Eisenacherin das Ende seiner Studienpläne. Dennoch nimmt das Leben Fritz Reuters 1842 endlich eine positive Wendung: Er tritt eine Stelle als Strom – als Volontär – bei einem Gutspächter in Demzin an und lernt dort Luise, seine spätere Frau, kennen. Sie ist seine Muse: Fritz Reuter beginnt zu schreiben. Als er mit seinen hochdeutschen Werken keinen Erfolg hat, wechselt er ins Niederdeutsche.

1853 gelingt ihm mit *Läuschen un Rimels – Schwänke und Reime* ein erster Erfolg. Weitere Publikationen auf Niederdeutsch folgen:

Kein Hüsung (1857), *Ut de Franzosentid* (1859), *Ut mine Festungstid* (1861) und *Ut mine Stromtid* (1862-1864). Reuter macht Furore und zählt bald zu den bestbezahlten Literaten seiner Zeit. 1863 verleiht ihm die Universität Rostock die Ehrendoktorwürde. „Im selben Jahr zog das Ehepaar Reuter nach Eisenach und beginnt 1866 mit dem Bau einer Villa, das heutige Reuter-Wagner-Museum. Er fühlte sich wohl in Eisenach und war bald Mitglied verschiedener gesellschaftlicher Organisationen. Seine Popularität war so groß, dass es in der Villa wegen der vielen Besucher zuging wie im Taubenschlag. Doch ist er immer Mecklenburger geblieben - und dazu Eisenacher geworden" schließt die Gästeführerin den Kreis. Seine Werke wurden in mehrere Sprachen übersetzt, nur nicht ins Hochdeutsche – das wollte er nicht

In Eisenach schreibt Reuter seine beiden letzten großen Romane, bevor er 1874 stirbt. Für seine Luise, die 20 Jahre nach ihm sterben sollte, bestimmt er zuvor noch ihre Grabinschrift: *Sie hat im Leben Liebe gesäet, sie soll im Tode Liebe ernten.* Ina Conrad, die sehr gern in Kostümführungen die Witwe Luise Reuter darstellt, schließt daraus, es sei Fritz Reuter, dessen Büste den Mittelpunkt der gemeinsamen Grabanlage bildet, bewusst gewesen, dass es nicht immer leicht für sie war: „Luise hielt ihm nicht nur den Rücken frei, sondern sie hat auch seine Launen ertragen, wenn er mal ein Gläschen zu viel trank."

Melanie Kunze

....

So geht's zur Büste:

Die Büste ist Teil der Grabanlage von Fritz und Luise Reuter auf dem Hauptfriedhof an der Friedhofstraße in Eisenach.

37

Fabrikruine

Mitten in der Stadt

BMW? Wer diese drei Buchstaben hört oder liest, assoziiert damit sofort Automobile für Menschen mit einem etwas dickeren Geldbeutel oder solche, die gern schnell fahren und mit großer Freude auf der Überholspur die Lichthupe einsetzen. Dass die Bayerischen Motoren Werke aber zunächst keineswegs Autos, sondern Flugzeugmotoren entwickelt und produziert haben, ist weniger bekannt. Ebenso, dass Eisenach in der Firmengeschichte eine Rolle spielt. Einer, der darüber Bescheid weiß, ist der passionierte Automobilkenner Eberhard Spee. Er erzählt die Geschichte mit Blick auf eine Fabrikruine, die mit all dem in engem Zusammenhang steht: Schon kurz nachdem BMW in den Flugzeugmotorenbau eingestiegen war, musste die Firmenleitung dieses Geschäft wieder aufgeben: Entsprechend den Auflagen des ab Januar 1920 geltenden Versailler Vertrages durften im Deutschen Reich keine

Rüstungsgüter produziert und daher auch Flugzeugmotoren nicht mehr gebaut werden. Das Unternehmen hielt sich mit Kleinaufträgen über Wasser. „Es wurde an Alternativen gearbeitet und im Herbst 1923 ein erstes Motorrad vorgestellt", erzählt Eberhard Spee, Mitglied des Museums Automobile Welt Eisenach, die Geschichte weiter.

Bis hierher hatte das alles noch nichts mit Eisenach zu tun. Als sich aber fünf Jahre später die Gelegenheit bot, auch in den Automobilsektor vorzustoßen, griffen die Münchner zu – und nun kommt Eisenach ins Spiel: BMW kaufte 1928 die hier beheimatete Dixi-Fahrzeugfabrik auf und produzierte dort als Lizenzprodukt einen Kleinwagen. Bereits vier Jahre später liefen die ersten eigenkonstruierten Wagen in Eisenach vom Band. „Dennoch blieb der Bau der Flugzeugmotoren in München das Kerngeschäft des Unternehmens, da 1925 die Beschränkungen des Versailler Vertrages fielen", erläutert Spee.

Die Machtübernahme der NSDAP 1933 bedeutete die Abkehr von der Befolgung der völkerrechtlich verbindlichen Bestimmungen des Versailler Vertrags. Hitlers Kurs war eine – wenn auch zunächst geheime – Militarisierungs- und Aufrüstungspolitik. Infolgedessen stieg die Nachfrage nach Flugzeugen und auch entsprechenden Motoren für die Luftwaffe sprunghaft an. Davon wollte das Münchner Unternehmen profitieren und entschied sich, auch in Eisenach fortan Flugzeugmotoren zu produzieren.

Zwischen 1933 und 1935 wurden neue Gebäudeteile östlich der Lüttichstraße, der heutigen Naumannstraße, errichtet, unter anderem die Halle, die heute nur noch eine Ruine ist. „Und diese dienten eben nicht dem deklarierten Automobilbau, sondern im Geheimen als neues Flugmotorenwerk", beschreibt der Pensionär die Hintergründe des Baus. Puzzleteil für Puzzleteil hat er die Entstehungsgeschichte der Halle und die weitere Nutzung recherchiert und dabei immer wieder Kontakt mit dem Firmenarchiv von BMW aufgenommen. „Es entstand damals ein komplett abgeschlossener Betriebsteil, zu dem die Mitarbeiter des Automobilbaus keinen Zutritt hatten", ist das Ergebnis seiner akribischen Recherchearbeit.

Doch kaum waren die Bauarbeiten abgeschlossen, forderte das Reichsluftfahrtministerium eine bessere Tarnung für das Flugmotorenwerk, auch sollte es aus der Eisenacher Innenstadt verlegt werden.

1934 wurden bereits entlang der Dürrerhöfer Allee Prüfstände zum Testen der Motoren für die in der Eisenacher Innenstadt produzierten Flugzeugmotoren gebaut. „Auf diesem Gelände erfolgte im März 1936 der Bau der neuen Produktionsanlage, Waldwerk am Dürrerhof genannt", sagt Spee.

Der Bau ging schnell voran, und im Januar des Folgejahrs wurde mit der Auslieferung der bereits im neuen Werk produzierten Motoren begonnen. Der bayrische Motorenbauer war während des Zweiten Weltkriegs von hoher Bedeutung für die Kriegsführung und musste ab 1941 die Produktion von zivilen Flugmotoren und Automobilen einstellen, so auch in den Eisenacher Werken.

Als Eisenach mit dem Ende des Krieges 1945 Teil der sowjetischen Besatzungszone wurde, verlor BMW den Standort in Eisenach. Der Zeitzeuge Otto Thees erinnert sich in der *Thüringer Allgemeinen* daran, wie das Waldwerk zu diesem Zeitpunkt aussah und wie das Ausräumen der Werkshallen vonstattenging: „Das war intakt, die Gebäude modern, alles unter Bäumen. An einen Tarnanstrich kann ich mich nicht mehr so richtig erinnern. Aber daran, wie die Maschinen auf Holzkufen von Schleppern gezogen bis zum Güterbahnhof transportiert wurden." Das Waldwerk wurde nach der Demontage der Maschinen gesprengt, während die heutige Fabrikruine erst noch für die Automobilherstellung weiter genutzt wurde.

„Diese kurze Zeitspanne der Flugmotorenproduktion in der Eisenacher Innenstadt hat mich von Anfang an interessiert", erklärt Eberhard Spee. „Wenn man um die Ecke geht, vis-a-vis vom Haupteingang zum Museum Automobile Welt Eisenach, kann man noch den Aufzugschacht sehen, in dem die Motoren transportiert wurden."

Melanie Kunze

So geht's zur Fabrikruine:

Nach dem Haupteingangstor zu „Automobile Welt Eisenach" in der Friedrich-Naumann-Straße steht die Fabrikruine auf der rechten Seite.

Imposant erhebt sich das Denkmal auf der Göpelskuppe über Eisenach.

38

Burschenschaftsdenkmal
Die Steuer lüftet das Geheimnis

„Die Einheimischen nennen es manchmal wegen seiner Form scherzhaft *den größten Bierkrug Eisenachs*", sagt Adolf Untsch und deutet auf das Burschenschaftsdenkmal, das 33 Meter hoch über der Göpelskuppe aufragt. Mit einem Bierkrug prostet man sich ja gemeinhin in Verbundenheit zu, ein Prosit auf die Gemütlichkeit. Dieser riesige Bierkrug aber erhitzte im Jahr 1989 die Gemüter: Es entbrannte ein Streit, ob die Liegenschaft, auf dem das Denkmal steht, der Deutschen Burschenschaft – dem großen Dachverband der Burschenschaften in Deutschland – oder der Stadt beziehungsweise dem Staat gehöre.

Zuvor hatte man sich um diese Frage nicht gekümmert, denn das Denkmal befand sich in einem gewissen Dornröschenschlaf, da die Burschenschaften in der DDR sich beim alljährlichen Burschentag in einer westdeutschen Stadt trafen. „Und so selbstverständlich wie es für heutige Aktiven-Generationen ist, dass der Burschentag in Eisenach stattfindet, so ,normal' war es für damalige Zeitzeugen, dass man sich jährlich in einer westdeutschen Stadt traf", schreibt Dominique Rossi in seinem Artikel *Der schwere Kampf um die Eisenacher Liegenschaften.*

Um zu verstehen, wie es zu dem Streit 1989 kam, muss etwas weiter ausgeholt werden. Wenden wir uns also noch einmal dem zu Beginn des vorigen Jahrhunderts errichteten Denkmal selbst zu, das die Eisenacher Burschenschafter 1900 bis 1902 als Ehrung für ihre 87 im Deutsch-Französischen Krieg (1870/71) gefallenen Kameraden errichteten. „Nicht einsam, auf hohem Bergesrücken schwer erreichbar" sollte es stehen, „sondern auf der Göpelskuppe, in unmittelbarer Nähe der kräftig aufstrebenden Stadt, die jährlich von Tausenden von Erholungsbedürftigen und Sommerfrischlern aufgesucht wird", wie das *Centralblatt der Bauverwaltung* am 20. Februar 1900 schreibt. Das entsprechende Grundstück stifteten die Erben des bekannten Geologen und Unternehmers Johann Georg Bornemann (1831-1896). Stolze 1,925 Hektar ist es groß, oben drauf gab's noch das Gelände für die Zufahrt zum Denkmal. Auch die Stadt zeigte sich großzügig und spendierte 4.000 Mark für den Bau der Straße. Auf einem von Treppen und einem halben Säulengang umrahmten Absatz thront das Denkmal hoch über der Stadt und ist schon von weitem zu sehen.

„Es setzt sich aus neun massiven Säulen zusammen, Bunt- und Antikglasfenster ergeben eine wunderbare Lichtatmosphäre im Inneren", beschreibt Adolf Untsch, Mitglied des Denkmalerhaltungsvereins (DEV) Eisenach, die Architektur. „Ganz oben befindet sich ein Rundgang um die Turmspitze, den man über eine schmale Wendeltreppe innerhalb einer der Säulen erreichen kann." In riesigen Lettern ist das Motto der Deutschen Burschenschaft über den wuchtigen Säulen eingemeißelt: *EHRE FREIHEIT VATERLAND.* Darüber prangen insgesamt sechs große Steinköpfe, die ringsum angebracht sind. Martin Luther (1483-1546), der Cheruskerfürst Arminius (um 17 v. Chr. - um 21 n. Chr.), Ludwig van Beethoven (1770-1827), Johann Wolfgang von Goethe (1749-1832), Karl der Große (747-814) und Albrecht Dürer (1471-1528) blicken von dort weit ins Tal hinab, Luthers Kopf blickt zur Wartburg hin. Den Zweiten Weltkrieg überstand das Burschenschaftsdenkmal unbeschadet, „aber es war der SED-Regierung ein

Dorn im Auge, da es an die deutsche Einheit erinnerte", berichtet der Eisenacher über die anschließende Zeit. Es soll immer wieder Pläne gegeben haben, das Denkmal abzureißen, umzunutzen oder sogar zu sprengen. Wiederholt gab es mutwillige Zerstörungen, das Bauwerk verfiel weiter. Glücklicherweise bemühte sich Dr. Hans Schäfer, der Vorsitzende des seit 1898 existierenden Burschenschaftsdenkmalvereins (BDV) mit engagierten Menschen um den Erhalt des Denkmals. Durch die wechselvolle Geschichte waren aber die Besitzverhältnisse nicht geklärt. Zwar war der BDV Eisenach im Vereinsregister des Amtsgerichts als Eigentümer ausgewiesen. Die städtischen Behörden meinten jedoch, dass durch einen Befehl der Sowjetischen Militär Administration Deutschland (SMAD) das Denkmal und das Grundstück als „Nazi-Besitz beschlagnahmt worden" seien und sich somit im Besitz des Staates befänden, schreibt Dominique Rossi. Also machten sich Dr. Eduard Bürger und Dr. Horst Zimmermann von der Deutschen Burschenschaft auf, in den Archiven nach Hinweisen zu suchen, und wurden nach langer Suche auch fündig. „Sie fanden einen Antrag von Dr. Schäfer, in dem er die Stadt um Stundung der Vermögensteuer des BDV bat", würdigt der Denkmalführer den Erfolg der Recherche. „Damit war klar, dass das Denkmal dem Verein gehörte. Für etwas, das man nicht besitzt, kann man ja schlecht Steuern zahlen."

„Mittels Spenden und öffentlichen Zuschüssen gelang es dem DEV, das inzwischen recht heruntergekommene Denkmal wieder zu sanieren", freut sich das Mitglied des DEV, der als Nachfolgeorganisation des BDV fungiert und dessen Aufgabe übernahm, sich um den Erhalt des Denkmals zu kümmern. Er ist aus dem Dornröschenschlaf erwacht, der größte Bierkrug Eisenachs. Ein Prosit der Gemütlichkeit!

Mike Durlacher

So geht's zum Burschenschaftsdenkmal:

Das Burschenschaftsdenkmal befindet sich auf der Göpelskuppe.

In dieser Villa wurden einst wichtige Verträge unterschrieben.

39

Gründerzeitvilla

Hier wurde Vollgas gegeben

Groß und stolz steht die Gründerzeitvilla aus dem Jahre 1890 in der Johann-Sebastian-Bach-Straße 2. Ihr Bauherr war der Rechtsanwalt Dr. Maximilian Wernick (1850-1915). Was man dem Gebäude nicht ansieht: Dort wurden einst die Grundlagen für eine wichtige Epoche der Eisenacher Unternehmensgeschichte geschaffen. „Im Jahr 1896 wurde hier der Vertrag zur Gründung der Aktiengesellschaft Fahrzeugfabrik Eisenach (FFE) von Heinrich Ehrhardt unterschrieben", beginnt Gästeführerin Ines Falkenhain die wechselvolle Geschichte zu erzählen.

Dieser Mann, stammt aus einfachen Verhältnissen und baut sich durch

Fleiß und Geschick ein Imperium auf, das 1878 mit der Gründung der Metall- und Waffenfabrik in Zella St. Blasii beginnt. „Im Jahr 1889 folgte dann die Gründung der Rheinischen Metallwaren- und Maschinenfabrik AG in Düsseldorf, der heutigen Rheinmetall", unterstreicht Ines Falkenhain die Bedeutung Heinrich Ehrhardts (1840-1928). Fast 130 Patente lässt der umtriebige Industrielle beim Deutschen Reich registrieren – und ab 1896 ist er

„Dieser war seit seinem Studium in den Vereinigten Staaten, genauer in Pittsburgh, von Automobilen begeistert."

auch in Eisenach aktiv: Unter dem Markennamen *Wartburg* stellt er hier sowohl Geschütze als auch Fahrräder her – zwei in der Tat ausgesprochen unterschiedliche Produkte.

Fabrikdirektor und Vorstandvorsitzender ist Heinrich Ehrhardts Sohn Gustav (1868-1945). „Dieser war seit seinem Studium in den Vereinigten Staaten, genauer in Pittsburgh, von Automobilen begeistert", schildert die Wahleisenacherin, „und er versuchte, das auch in Eisenach umzusetzen." Mit Erfolg: Bereits Ende 1898 bekommen Fahrräder und Geschütze Gesellschaft, bei FFE wird jetzt das erste Automobil produziert. Heinrich Ehrhardt hatte dazu die Lizenz für den französischen Zweizylinder Decauville erworben. Der Nachbau wird unter dem Namen *Wartburg-Motorenwagen* vermarktet. „Somit war die Fahrzeugfabrik Eisenach nach Daimler und Benz das dritte Unternehmen mit einer Automobilfabrikation", unterstreicht Ines Falkenhain die Bedeutung des Werks. „Für Eisenach wurde die FFE ein wichtiger Arbeitgeber, denn Ende des 19. Jahrhunderts gab es schon 1.300 Beschäftigte", ergänzt sie.

Übrigens fuhr Gustav Ehrhardt auch leidenschaftlich gerne Autorennen – und seine Gattin, die, ganz dem Zeitgeist entsprechend, auf den hübschen Namen Wilhelmine hörte, teilte diese Leidenschaft. Bei einer großen Ausfahrt durch Eisenach saß sie bereits 1899 am Steuer eines Wartburg-Motorwagens. Anschließens begleitete sie ihren Mann als Beifahrerin bei diversen Rennveranstaltungen. Und 1901 nahm sie das erste Mal als Selbstfahrerin bei einem Motorsportwettbewerb teil.

„Lange sollte die Ära der Ehrhardts in Eisenach nicht mehr andauern, denn es kam zu Unstimmigkeiten zwischen Gustav und den

Hauptaktionären", erzählt Ines Falkenhain die Geschichte weiter. Gustav nahm seinen Hut und gab die Firmenleitung ab. Ein Jahr später zog sich auch sein Vater aus der Gesamtleitung zurück, nahm aber die Lizenz für den Decauville mit und gründete im selben Jahr in Düsseldorf die Ehrhardt-Automobil AG. Statt Wartburg setzte die FFE jetzt auf den Markennamen *Dixi*, der bis 1928 beibehalten wurde.

„Lange sollte die Ära der Ehrhardts in Eisenach nicht mehr andauern, denn es kam zu Unstimmigkeiten zwischen Gustav und den Hauptaktionären."

An diese wechselvolle Geschichte muss Ines Falkenhain immer dann denken, wenn sie durch die Wartburgstadt geht und an der schönen Villa vorbeikommt. Und vor ihrem geistigen Auge sieht sie dann durchaus auch mal Wilhelmine als Rennfahrerin an sich vorbeiflitzen.

Melanie Kunze

So geht's zur Gründerzeitvilla:

Die Gründerzeitvilla aus dem Jahre 1890 steht in der Johann-Sebastian-Bach-Straße 2.

148

Alexandra Husemeyer weiß, warum die Ostwand des Lutherhauses so schräg ist.

Fassade

Unbeabsichtigte Schräglage

Dass Pisa einen schiefen Turm hat, weiß so ziemlich jeder. Dass in Eisenach ein schiefes Haus steht und es sich dabei sogar um eines der bekanntesten der Stadt handelt, gehört jedoch eher nicht zur Allgemeinbildung. Die Rede ist vom Lutherhaus. Dessen Ostfassade neigt sich im Erdgeschoss und 1. Stock deutlich nach innen, das 2. Geschoss ragt aber kerzengerade auf. „Das Lutherhaus ist auf der Westseite abgesackt", erklärt Alexandra Husemeyer die denkwürdige bauliche

> **„Das Lutherhaus ist auf der Westseite abgesackt."**

Konstruktion. Besonders gut ist dies auch auf Bildern des Hauses von der vorletzten Jahrhundert-wende zu sehen: Im zweiten Stockwerk sind die fünf Fenster nicht auf einer Höhe, sondern auf der linken Seite höher als auf der rechten. Außerdem weisen die Fenster im linken Teil des Gebäudes einen größeren Abstand zum Dachtrauf auf als die auf der rechten Seite.

Diese Neigung zur Seite war – eventuell auch in Verbindung mit dem Erdbeben im Raum Mühlhausen und Eisenach im Jahr 1368 – durch die Beschaffenheit des Bodens bedingt: Er war zu weich für das schwere Gebäude, das Fundament sackte auf einer Seite ab und das Haus fing an, sich zu neigen.

„Das ist eine herrliche Mischung aus alt und neu, egal ob schief oder bolzengerade.“

Das Lutherhaus wurde bei einem Luftangriff 1944 schwer beschädigt. 1945/46 ließ es der damalige Besitzer, Franz Adolf Lukaß, wiederaufbauen. Die schräge Ostwand hat man dabei wohl bewusst belassen. 1955 ging die Evangelisch-Lutherische Kirche in Thüringen ein Mietverhältnis mit der damaligen Eigentümerin, Karoline Schneider, ein und ließ das Haus zu einem Museum umbauen. Das Lutherhaus gehört zu den ältesten und schönsten Fachwerkhäusern Thüringens, dendrochronologische Untersuchung ergaben, dass die ältesten Teile des Hauses aus der Mitte des 13. Jahrhunderts stammen. Luther lebte von 1498 bis 1501 in diesem Haus bei der Familie Cotta

Heute beherbergt die Fassade in strahlendem Weiß die Lutherstuben und das Museum, dessen Erweiterungsbau seit 2013 an der Westseite in modernem Stil errichtet wurde. „Das ist eine herrliche Mischung aus alt und neu“, findet Alexandra Husemeyer, „egal ob schief oder bolzengerade.“

Mike Durlacher

....

So geht's zur Fassade:

Die Fassade befindet sich an der Ostseite des Lutherhauses am Lutherplatz 8.

150

Petra Heym kennt die Bedeutung hinter dem Eisenstab und dem Ring.

Elle und Pranger

Auf den Zentimeter genau

Ach, wie freut sie sich über das gerade neu erworbene Stück Tuch! Eilig läuft die junge Frau vom Markt über die heutige Karlstraße nach Hause, doch dann beschleicht sie auf einmal ein komisches Gefühl: Hat sie wirklich acht Ellen von dem teuren Stoff erhalten? Waren es nicht doch weniger? Unruhig kehrt sie um und steuert direkt auf das Rathaus zu.

So oder so ähnlich könnte es sich durchaus im Mittelalter in Eisenach abgespielt haben. Doch was wollte die aufgeregte Frau am Rathaus? Den Bürgermeister mit ihrer Unruhe konfrontieren? Gästeführerin Petra Heym schüttelt lachend den Kopf. „Sie wollte das Tuch noch einmal selbst abmessen – an dem länglichen Stab, der auf der rechten Seite am linken Erker der Rathauswand angebracht ist." Bei dem Stab handelt es sich um die Eisenacher Elle. Sie diente bis Ende 1870 in Eisenach als verbindliches Längenmaß und war 56 Zentimeter lang. Nach 1870 wurde sie durch das metrische System abgelöst.

Nach der Französische Revolution (1789-1799) war in Frankreich der Meter eingeführt worden, da die alten Maße oft mit Grundbesitz und dem alten System in Verbindung gebracht wurden. Die französische Nationalversammlung beschloss daher, dass ein einheitliches Längenmaß hermüsse. Schon 1793 wurde in Frankreich das neue Längenmaß festgesetzt: der Meter – als zehnmillionster Teil des Erdquadranten auf dem Meridian von Paris; will heißen: der zehnmillionste Teil der Entfernung vom Nordpol über Paris zum Äquator. Bis dieses Maßsystem nach Deutschland kam, dauerte es aber noch eine Weile, erst am 17. August 1868 beschloss der Norddeutsche Bund die Einführung des französischen Metersystems zum 1. Januar 1872.

An dem Eisenstab diente einst als Längenmaß.

Doch zurück nach Eisenach und zu unserer fiktiven jungen Frau: Was hätte sie wohl getan, wenn sie festgestellt hätte, dass der Tuchhändler ihr tatsächlich zu wenig abgeschnitten hat? „Mit Sicherheit wäre sie zu dem Marktaufseher gegangen und hätte es bei ihm zur Anzeige gebracht", überlegt Petra Heym. Hätte sich dann durch erneutes Abmessen an der Elle in Gegenwart des Marktaufsehers bestätigt, dass sie zu wenig von dem Tuch erhalten hat, wäre der Händler befragt worden. Wäre der Marktaufseher dann zu dem Schluss gekommen, dass hier ein Betrug vorliegt, hätte er eine entsprechende Strafe ausgesprochen.

152

Und eine typische Strafe für Betrug war es, den Delinquenten an den Pranger zu stellen. Der befand sich praktischerweise in unmittelbarer Nähe des Maßes am Rathauserker und ist in Teilen immer noch zu sehen. „Der Eisenring ist der Rest des Eisenacher Prangers", erklärt Petra Heym und zeigt auf das Relikt aus der Vergangenheit. Auch Bäcker, die zu kleine Brötchen backten, oder Handwerker, die pfuschten, wurden mit dieser Strafe belegt. „Mit dem Pranger wurden meist sogenannte Ehrenstrafen vollstreckt, zu denen der Betrug zählt", erklärt die Eisenacherin. Die öffentliche Schande war für die Delinquenten schlimm, führte sie doch mitunter auch zum Ausschluss aus der Gemeinschaft. Obendrein mussten sich die Betrüger auch noch mit Fallobst bewerfen lassen.

Zum Pranger gibt es noch eine gruslige Anekdote, die die Gästeführerin erzählt: „Die Handwerker trugen einen Ohrring, um damit die Zugehörigkeit zu ihrer Zunft auch äußerlich zu zeigen." Wenn sie in Ungnade fielen, wurde ihnen der Ohrring wieder entfernt. „Aber er wurde nicht einfach herausgezogen, sondern äußerst schmerzhaft herausgerissen", schildert die Petra Heym die brutale Vorgehensweise. Dabei wurde der untere Teil des Ohrläppchens in zwei Teile geteilt. „Somit konnte der dieserart Bestrafte nicht mehr unerkannt bleiben – er hatte jetzt ein Schlitzohr und wurde auch von jedermann als solches wahrgenommen", merkt die Eisenacherin an.

Allein schon wegen dieser Gefahr taten die Handwerker besser daran, ehrlich zu sein, schließlich könnten künftige Kunden sie anhand eines Schlitzohrs gleich als ein solches erkennen: Ein Betrug konnte die ganze Zukunft verbauen.

Melanie Kunze

....

So geht's zum Ring und Stab:

Ring und Stab sind am Rathaus am Marktplatz an einem Erkervorsprung angebracht.

Cornelia Braun hat sich intensiv mit der Geschichte und den Geschichten rund um den Autor der Dreck-Apotheke befasst.

42

Grabplatte

Igittigitt

Pardon. Diese Geschichte ist etwas unappetitlich. Aber sie ist auf jeden Fall erzählenswert: Sie handelt von einem Mann, dessen stark verwitterte Grabplatte sich auf dem Alten Friedhof befindet. Dieser Mann ist Christian Franz Paullini (1643-1712), ein echtes Eisenacher Kind. „Er studierte Medizin und nach dem erfolgreichen Abschluss machte er richtig Karriere", beschreibt Cornelia Braun, die sich ausführlich mit der Geschichte befasst hat, die Grundlagen seiner Biografie.

„Durch seine Reisen machte er sich einen Namen in der europäischen Gelehrtenwelt, lehnte jedoch ein Angebot der Universität Pisa, dort als Professor zu lehren, 1673 ab." Zwei Jahre später nahm er die Stelle als Leibarzt und Historiograf des Fürstbischofs von Münster an. „Bevor ihn aber seine Wege zurück nach Eisenach führten, machte er noch eine Stippvisite am braunschweigischen Hof in Wolfenbüttel und fungierte dort als Leib-Medicus", skizziert die Gästeführerin die Lehr- und Wanderjahre.

Daran ist ja zunächst nichts Unappetitliches. Ebenso wenig wie an dem Posten, den er vier Jahre nach seiner Rückkehr nach Eisenach 1689 annahm: Er wurde Herzoglicher Stadtphysikus und hatte als solcher nicht nur seine eigene Praxis, sondern war auch für die Gesundheitsbelange der Eisenacher Bürger verantwortlich. „Vergleichbar ist das mit dem heutigen Gesundheitsamt", erklärt die Gästeführerin. Somit oblag Paullini auch die Aufsicht über die Bader und Wundärzte sowie über deren Bemühungen um die Gesundheit der Bevölkerung. Einen Arzt konnten sich nur die reichen Bürger leisten, der einfache Mann eben nur den Bader. „Und dieser versorgte die kleinen Wunden, richtete Knochenbrüche und zog auch den einen oder anderen Zahn", erklärt die Eisenacherin.

Der unappetitliche Teil kommt erst noch – und hat mit seiner Schrift *Neu-vermehrte Heylsame Dreck-Apotheke* zu tun: Auf gut 700 Seiten vertrat der Mediziner die Meinung, dass Kot, Urin, Schleim, Auswurf, Ohrenschmalz und sonstige körperliche Ausscheidungen – sowohl von Menschen als auch von Tieren – heilsame Wirkungen haben können. So schreibt er in seiner *Dreck-Apotheke*: „Es wird Zweifels ohne mancher träger Banck-bruder / und dünckelwitziger Stumpffhirn / seiner angeerbten Unart nach / abermals die Nase über meinem neu-vermehrten / heilsamen / und so schleunig abgegangnem / auch ernstlich wieder verlangten Dreck rümpffen / dessen Muthwillen zwar ich nicht hemmen kan." Cornelia Braun ergänzt: „Kehrricht, Dreck und der Schlamm in Pfützen stellten wahre Schätze für ihn dar."

> *„Kehrricht, Dreck und der Schlamm in Pfützen stellten wahre Schätze für ihn dar."*

Zu Paullinis Zeiten herrschte die Meinung, dass destillierter Urin, sowohl menschlicher als auch tierischer Herkunft, bei Ohrenleiden, Ohrensausen und Schwerhörigkeit helfen könne. „Gebrannte Eidechse in Pulverform sollte wohl bei Potenzstörungen hilfreich sein", nennt die Gästeführerin schmunzelnd ein weiteres Beispiel. Und das Salz von der Hirnschale eines Menschen, welches sich durch ein spezielles Verfahren als besonderer Rückstand bildet, solle Skorbut heilen. Diese

Arzneien wurden als Pflaster, Pillen, Badezusätze und Mundspülungen verabreichet. Paullini empfahl: „Wilder Tauben-Koth mit Honig vermengt / und über den Scheitel des Haupts geschlagen / erweckt den Schlaff-süchtigen." Weiter stand Menschenfett auf der Liste des Mediziners. Mittels eines speziellen Verfahrens – gewonnen aus Leichenteilen – sollte es seiner Meinung nach bei Gicht und schmerzenden Gliedern helfen. Paullini verfasste seine *Dreck-Apotheke* insbesondere für die ärmere Bevölkerung, weil die sich keinen Arztbesuch und keine Medizin leisten konnte. Er legte Wert darauf, dass die von ihm empfohlenen Heilmittel erschwinglich sind.

Man kann es sich kaum vorstellen: In dem Autor der Dreckapotheke schlummerte auch ein Poet mit romantischen Gefühlen! Davon zeugen verschiedene Liebesgedichte. Und er war sowohl Mitglied der 1617 in Weimar gegründeten „Fruchtbringenden Gesellschaft", die auch „Palmenorden" genannt wurde und sich für die Verwendung der deutschen Sprache in der Dichtung einsetzte, als auch des 1644 gegründeten und bis heute bestehenden Nürnberger „Pegnesischen Blumenordens".

Die Inschrift der Grabplatte des Christian Franz Paullini lässt sich nur schwer entziffern.

Neben seiner Tätigkeit als Mediziner wirkte Paullini auch als Historiker – wodurch er allerdings in Verruf geriet, denn er nahm es mit den Fakten alles andere als genau. Zu seinen Lebzeiten merkte das aber niemand. „Erst Anfang des 19. Jahrhunderts stieß man auf verschiedene Unstimmigkeiten und stellte fest, dass Paullini sogar Urkunden, die er als Quellen für seine Arbeiten nutzte, gefälscht hatte", erzählt Cornelia Braun und ergänzt: „Selbst der große Gottfried Wilhelm Leibniz hatte nichtsahnend größere Fälschungen von ihm erhalten und diese als Teil einer Sammlung alter Urkunden herausgegeben." Auf die Schliche kam man dem verstorbenen Paullini, weil er in seinen Annalen schon für das 9. Jahrhundert Familiennamen verwendet hatte. Da aber im Mittelalter nur der Vorname geführt wurde, war dies schlicht unmöglich. Auch verwendete er Ortsnamen, die so noch nicht in Gebrauch waren. Aufgrund des dadurch aufgekommenen Misstrauens setzte eine systematische Suche nach auf ihn zurückgehenden Fälschungen ein.

„Doch gänzlich verdammen sollte man Paullini deshalb nicht", empfiehlt Cornelia Braun, „denn er war auch ein sozial sehr engagierter Mensch." Er leitete das Waisenhaus in Eisenach und setzte sich für eine höhere Schule für Jungen ein, ohne allerdings das weibliche Geschlecht außer Acht zu lassen: Der Mediziner machte sich für das Frauenstudium stark und war ein entschiedener Verfechter der Religionsfreiheit. Er vertrat die den Bestimmungen des Augsburger Religionsfriedens von 1555 widersprechende These, ein Landesherr solle nicht über die Konfessionszugehörigkeit seiner Untertanen bestimmen dürfen, womit er sich dafür einsetzte, dass unterschiedliche Konfessionen friedlich nebeneinander existieren.

„Doch gänzlich verdammen sollte man Paullini deshalb nicht, denn er war auch ein sozial sehr engagierter Mensch."

Wurde Paullini einst noch gepriesen und seine Leistungen in Stein gemeißelt, um ihn nach seinem Tode zu ehren, verblasste sein Ruhm im Lauf der Zeit. So wie die Schrift auf seiner Grabplatte.

Melanie Kunze

So geht's zur Grabplatte:

Die Grabplatte befindet sich an der Westseite der Kreuzkirche auf dem Alten Friedhof am Schlossberg.

Das Torhaus hat eine dunkle Geschichte.

43

Torhaus

Durchgang in eine düstere Zeit

Wer heute das Torhaus in der Friedrich-Neumann-Straße durchschreitet, freut sich meist schon auf einen Besuch in dem Museum „Automobile Welt Eisenach". Nichts weist daraufhin, dass dieses Bauwerk an einem ganz anderen Ort stand – geschweige denn, wohin das Tor einst führte: zur Rüstungsproduktion während der Herrschaft der Nationalsozialisten.

„Mit der Machtergreifung der Nationalsozialisten wurde die Flugzeugmotorenfertigung von BMW immer mehr zum Bestandteil der faschistischen Luftrüstung", schreibt Eberhard Spee in der *Thüringer Allgemeinen*. BMW wurde vom Reichsluftfahrt-Ministerium aufgefordert, separate Produktionsflächen zu schaffen. Der Automobilbau in Eisenach sollte vom Flugmotorenbau getrennt werden (siehe Geheimnis 37). Anfang 1936 wurden weitere Grundstücke östlich von Eisenach auf der Gemarkung Dürrerhof erworben. Im gleichen Jahr erfolgte der erste Spatenstich. „Bei der Errichtung des Werkes wurde großer Wert auf die Tarnung gegen Luftaufklärung gelegt", so Eberhard Spee. Die eigens angelegten Feuerlöschteiche hatten die Form eines Schwimmbades, die Gebäude waren mit Tarnfarben gestrichen und auch einige Firmendächer begrünt worden.

Bereits im Januar 1937 begannen die Herstellung und Auslieferung der ersten Flugzeugmotoren. Über die Jahre stieg die Produktion und folglich der Bedarf an Personal stetig. Ab 1941 setzte man auch Zwangsarbeiter ein, die auf umliegende Barackenlager außerhalb des Werks verteilt wurden, wohingegen sich das erst im März 1944 errichtete Außenlager Emma des KZ Buchenwald auf dem Betriebsgelände befand. Zeitweise mussten die Insassen aufgrund der starken Überbelegung direkt im Maschinenraum schlafen, immer bewacht von SS-Männern. Trotz guter Tarnung kam es im September 1944 zu einem Bombenangriff der US Army Air Forces. Sowohl das Werksgelände als auch Gebäude wurden getroffen. Die Beschädigungen waren so massiv, dass die Produktion erheblich beinträchtig war. „Mit dem Einmarsch der Roten Armee im Sommer 1945 begann der systematische Abriss des gesamten Werkes. Maschinen wurden auf Tiefladern oder Holzbalken zum Eisenacher Güterbahnhof und von dort in die Sowjetunion transportiert", beschreibt Spee das endgültige Aus. Heute erinnert ein Gedenkstein im Bereich des ehemaligen Hauptportals an das Leid der Zwangsarbeiter, KZ-Insassen und Kriegsgefangenen.

Als stummer Zeuge steht das ehemalige Eingangsgebäude zum einstigen BMW-Werk Dürrerhof heute mitten in Eisenach und erinnert an einen Abschnitt in der deutschen Geschichte, der nicht vergessen werden sollte.

Melanie Kunze

So geht's zum Tor:

Das Torhaus wird heute als Durchfahrt zum Museum „Automobile Welt Eisenach" in der Friedrich-Naumann-Straße genutzt.

Buchstabe in der Natur

Alpha und Omega: Diese beiden griechischen Buchstaben bezeichnen den Anfang und das Ende, das *A* und *O*. „Tatsächlich markiert das große A, das am Anfang der Drachenschlucht in den Fels geschlagen ist, den Anfang des Tals, aber es hat eigentlich eine andere Bestimmung, als auf ebenjenen Anfang hinzuweisen", erzählt die Gäste- und Wanderführerin Margit Stephan.

Was das A sonst noch für eine Bedeutung hat, das fragte sich schon anno 1846 Ferdinand Gustav Kühne (1806-1888) in seiner Zeitschrift *Europa. Chronik der gebildeten Welt*: „Das lateinische A, die erste Einlaßkarte in den Schul- und Lesehimmel classischer Gelehrsamkeit, was hat es hier zu bedeuten? Ist es ein schulgerechter Ausruf der Verwunderung über den herrlichen Wasserfall der plötzlich wie durch Zauber von der Felswand hinabbrausst?" Kühne hat nicht nur die Frage gestellt, sondern auch die Antwort gefunden: „Nein, es ist der Name der allerhöchsten Pathe welche bei dieser hohen Natur zu Gevatter gestanden. Anna! schöner Klang! Den Halbgöttern der Erde widmet man nicht nur die Gedichte der Menschen, sondern auch die der Natur."

Das A, so ist dem Artikel zu entnehmen, deutet also auf eine Person hin. Und zwar nicht auf irgendeine: Bei Anna handelte es sich um keine Geringere als Anna Pawlowna von Holstein-Gottorp-Romanow, Großfürstin von Russland (1795-1865), die später Königin der Niederlande wurde. Die Tochter Zar Pauls I. (1754-1801) wuchs in der Nähe von St. Petersburgs auf und heiratete im Jahre 1816 Wilhelm II. von Oranien-Nassau (1792-1849). „Die Rolle, die sie für Eisenach spielte, erklärt sich aus einem ihrer Nachkommen", erzählt Margit Stephan: Annas Tochter Sophie von Oranien-Nassau (1824-1897), die die Gemahlin des Großherzogs von Sachsen-Weimar-Eisenach Carl Alexander (1818-1901) wurde, hatte eine bedeutende Rolle im kulturellen

---

Gästefuhrerin Margit Stephan kennt den Anfang und das Ende dieser Geschichte.

161

Leben Eisenachs inne und legte ein großes soziales Engagement an den Tag.

Anna war übrigens noch auf eine weitere, andere Weise mit Carl Alexander verwandt. Sie war nicht nur seine Schwiegermutter, sondern auch seine Tante: Ihre Schwester Maria (1786-1859) war mit Carl-Friedrich (1783-1853), also Carl Alexanders Vater, verheiratet. Dass diese Konstellation verwirrender Verwandtschaftsverhältnisse zustande kam, war alles andere als geplant.

Übrigens hatte einst sogar Napoleon Bonaparte (1769-1821) um Anna geworben: Nachdem der französische Kaiser vergeblich versucht hatte, ihre ältere Schwester Katharina (1788-1819) zu ehelichen, um sich mit dem zaristischen Russland zu verbünden, warf er ein Auge auf Anna. Aber ihre Mutter konnte auch diese Heirat durch viele Verzögerungen und Ausflüchte verhindern, Napoleon gab schließlich Marie-Louise von Österreich (1791-1847) das Ja-Wort und Anna blieb die Ehe mit dem despotischen Korsen erspart. Sie heiratete stattdessen im Februar 1816 den späteren König der Niederlande, Wilhelm II. von Oranien-Nassau.

Durch ihre Tochter Sophie und ihre Schwester Maria Pawlowna entstand also ihre Verbindung nach Eisenach. Sowohl Maria als auch Anna setzten sich für die Begehbarmachung der zum Annatal gehörenden Drachenschlucht (siehe Geheimnis 17) ein und förderten zum Beispiel die Arbeit von Oberforstrat Gottlob König (1779-1849).

„Das Annatal zieht sich vom A am Beginn der Drachenschlucht bis hinauf zum historischen Gasthaus Hohe Sonne, das 1774 als Jagdschlösschen errichtet wurde.“

Zum Dank wurden Teile des Tals, das früher Frauental hieß, nach diesen beiden für Eisenach so wichtigen Frauen in „Annatal" und „Mariental" umbenannt.

„Das Annatal zieht sich vom A am Beginn der Drachenschlucht bis hinauf zum historischen Gasthaus Hohe Sonne, das 1774 als Jagdschlösschen errichtet wurde", beschreibt Margit Stephan. Und dort findet sich auch ein weiterer Buchstabe: M (siehe Geheimnis 31).

Dieses Gasthaus war sehr beliebt, wie schon Kühne seinerzeit bemerkt hatte: „Auf der Höhe des Berges mitten im Walde, von wo aus auch wieder ein sehr romantischer Waldweg reich an Grotten und tiefen Waldschluchten vorbei nach Wilhelmsthal führt, liegt ein einfaches freundliches Haus mit einem Gesellschaftsgarten, das man ‚die hohe Sonne' zu nennen beliebt hat. Es nimmt alle hohen und niedern Sonnen der Gesellschaft für Geld und gute Worte gastlich bei sich auf." Und so markiert das A

„Das Annatal zieht sich vom A am Beginn der Drachenschlucht bis hinauf zum historischen Gasthaus ‚Hohe Sonne', das 1774 als Jagdschlösschen errichtet wurde."

nicht nur den Anfang, das Alpha, oder, was auch möglich wäre, das große kyrillische A, sondern es verweist auch und vor allem auf die Frau, nach der das wildromantische Tal benannt wurde, das sich in der Nähe des berühmten Rennsteigs erstreckt. Wie praktisch, dass ihr Name ausgerechnet mit dem ersten Buchstaben im Alphabet beginnt.

Mike Durlacher

....

So geht's zum A:

Das A befindet sich am Eingang zur Drachenschlucht. Man verlässt Eisenach auf der B19 Richtung Meiningen, am Prinzenteich vorbei, bis in einer leichten Linkskurve der Wanderweg mit einem Hinweisschild bei dem kleinen Tümpel Ochsenteich beginnt.

Wer suchet, der findet. Ganz klein und unauffällig zeugt das Steingesicht von dem Baumeister Hans Leonhard.

Köpfchen

Steinernes Gesicht am Pfeiler

Dass Künstler ihre Werke signieren, ist nichts Ungewöhnliches. Sie hinterlassen dabei unauffällig ihre Zeichen, ihr Kürzel oder Akronym, meist in einer Ecke oder am Rand des Kunstwerks. Dass sich ein Architekt oder ein Baumeister an dem Gebäude, an dem er gearbeitet hat, ebenfalls verewigt, ist auch nicht ungewöhnlich. „Die Art und Weise, wie Baumeister Hans Leonhard im 16. Jahrhundert das im Falle der Georgenkirche tat, ist allerdings besonders schön", findet Gästeführerin Sandra Wichmann: Hans Leonhard setzte sich selbst ein Denkmal und hinterließ sein steinernes Konferei – etwa zehn Zentimeter groß – auf ungefähr zwei Metern Höhe in der St. Georgenkirche am Markt in Eisenach. Hans Leonhard, über den so gut wie nichts bekannt ist und der die Stadt doch so nachhaltig geprägt hat – ihm gehörte zum Beispiel das Lutherhaus und er entwarf den Georgenbrunnen auf dem Markt. beaufsichtigte die Renovierung und den Umbau der Georgenkirche. Diese war nach dem sogenannten Eisenacher Pfaffensturm am 24. April 1525 derart zerstört gewesen, dass sie für Jahrzehnte nicht mehr genutzt werden konnte. Die Pfaffenstürme waren eine Reaktion auf die Ächtung Martin Luthers (1483-1546) durch das Wormser Edikt und breiteten sich über ganz Mitteldeutschland aus.

Auf der Reise zum Reichstag in Worms trat Luther am 6. und 7. April 1521 in Erfurt auf. Die Ächtung des Reformators am 8. Mai desselben Jahres nahmen die Dekane der beiden Erfurter Stifte zum Anlass, auch die Luther-Anhänger in der Region zu ächten. Das wollten sich Bürger, Studenten und Bauern der Stadt aber nicht gefallen lassen: Sie begehrten dagegen auf und verwüsteten Kirchen, Klöster und Stifte in Erfurt. Ähnliches spielte sich auch in Eisenach ab, die Bürger machten ihrem Unmut über den Klerus Luft. „Die Zerstörung der Kirche führte dazu, dass Luther im Juli 1540 seine Predigten in Eisenach nicht in der Georgenkirche hielt, sondern in der später abgerissenen Franziskanerkirche", erzählt die Stadtführerin.

Der Pfaffensturm traf ein Gotteshaus in bestem Zustand: Erst 1515 war die Georgenkirche im spätgotischen Stil renoviert worden. Da aber mit der Reformation ohnehin ein neues Kirchenbild vonnöten war – Eisenach wurde 1528 reformiert , wurde die zerstörte Kirche ab 1558 mit einem ganz anderen Konzept von Baumeister Leonhard neu aufgebaut und die Georgenkirche somit zu einer der ersten Predigerkirchen in Deutschland gemacht.

„In den alten Kirchen des Katholizismus lag das Hauptaugenmerk auf dem Ritus, der mystischen Handlung des Priesters, die Gemeinde wohnte dem Akt bei."

„In den alten Kirchen des Katholizismus lag das Hauptaugenmerk auf dem Ritus, der mystischen Handlung des Priesters, die Gemeinde wohnte dem Akt bei", erklärt Sandra Wichmann.

Im Gegensatz dazu steht im reformatorischen Gottesdienstverständnis das Wort Gottes und die Predigt im Vordergrund. Trennende Elemente sollten verschwinden, die Kanzel, auf der der Pfarrer predigt, wurde zum Volk hin ausgerichtet und das Gestühl zur Kanzel gedreht. Alle Sichtlinien sollten ungehindert zum Abendmahlstisch und zur Kanzel zeigen. Aus diesem Grund sind die meisten protestantischen Kirchen als Saalkirchen, also einschiffige Kirchen mit flachen Decken, konzipiert, mit Emporen an den Seiten, sodass möglichst viele Menschen dem Gottesdienst beiwohnen und ungehindert auf die Kanzel sehen und den Prediger hören konnten.

„Und wie ein Künstler, der stolz auf sein Werk ist, signierte er selbiges auch. Aber eben nicht wie ein Maler mit seiner Signatur, sondern mit seinem Abbild, ganz klein und unauffällig."

Hans Leonhard setzte die neuen Ideen und theologischen Konzepte Martin Luthers in Eisenach architektonisch um. „Und wie ein Künstler, der stolz auf sein Werk ist, signierte er selbiges auch. Aber eben nicht wie ein Maler mit seiner Signatur, sondern mit seinem Abbild, ganz klein und unauffällig", resümiert die Gästeführerin. Leonhard war stolz auf sein Werk, und er kann es auf diese Weise noch immer mit steinernen Augen bewundern.

Mike Durlacher

So geht's zum Köpfchen:

Das Köpfchen befindet sich auf der linken Seite am ersten Pfeiler am Altar in der Georgenkirche in etwa zwei Metern Höhe.

Sabine Wagner weiß um den besonderen physikalischen Effekt, der sich hinter der Längsrille im Rundbogen verbirgt.

46

Rundbogen

Schmuckelement mit Resonanz

Pssst! Wenn Sie unter dem unscheinbaren Rundbogen an der Giebelseite der Predigerkirche stehen, sollten Sie unbedingt flüstern! Gästeführerin Sabine Wagner weiß auch, warum das so ist, und beginnt die Geschichte – natürlich flüsternd – zu erzählen.

„Wer den Bogen ganz genau betrachtet, kann den Grund erkennen, warum man hier flüstern sollte", verrät sie und deutet auf eine Vertiefung, die sich längs durch den Bogen zieht. „Darüber werden die Schallwellen besonders gut geleitet. Ich stelle mir immer gerne vor, wie sich hier früher schon Schüler kleine Geheimnisse zugeflüstert haben, vielleicht auch Johann Sebastian Bach." Denn was auf der einen Seite in die Hohlkehle hineingeflüstert wird, ist auf der anderen Seite gut hörbar. Natürlich nur, wenn man sein Ohr nahe genug an die Vertiefung hält, sonst ist allenfalls ein Wispern zu vernehmen. „Wenn man

so will, war das hier eine Art mittelalterliches Telefon", sagt die Gästeführerin lächelnd.

Erklären lässt sich dieser physikalische Effekt mit dem sogenannten Flüsterspiegel. Innerhalb der Hohlkehle, die auf beiden Seiten ein
halbrundes Ende hat, können sich die Schallwellen nicht kugelförmig
in alle Richtungen ausbreiten, sondern werden reflektiert. Die Enden
der Hohlkehlen kann man sich wie einen Spiegel vorstellen, in dem
statt Lichtstrahlen Schallwellen gebündelt werden. Spricht man nun
leise eine Botschaft auf der einen Seite in die Hohlkehle, verbreiten
sich die Schallwellen nur innerhalb der Kehle, wodurch die Worte auf
der anderen Seite dieser Vertiefung gut zu verstehen sind – sofern das
Ohr auf der Hohlkehle aufliegt. Der Rundbogen wirkt damit wie ein
Flüsterbogen.

„Dieses Prinzip lässt sich auch auf weitere Strecken übertragen", sagt
Sabine Wagner, „dann werden allerdings die Spiegelflächen größer."
Wenn sie einen Durchmesser von zwei Metern erreichen, können leise
gesprochene Worte über eine Distanz von circa 80 Metern übertragen
werden. Voraussetzung ist, dass sich die Spiegel gegenüberstehen.

Ob also einer Angebeteten sehnsüchtige Worte für andere unhör-
bar übermittelt werden oder sich Schüler über ihren Schulalltag aus-
tauschen – so oder so ergibt der Rundbogen eine charmante Möglichkeit, miteinander in Kontakt zu treten. Aber psst, alles streng geheim!

Melanie Kunze

....
So geht's zum Rundbogen:

*Der Rundbogen befindet sich an der Giebelseite der Predigerkirche auf
dem Predigerplatz.*

Alexandra Husemeyer gefallen die Reliefs von
Hans Leonhard besonders gut.

Portalbogen

Schutz und Schmuck vom Nachbarhaus

Durch dieses prachtvolle Renaissance-Portal kann man das Lutherhaus nicht betreten – nur ein Fenster eröffnet den Blick nach innen. Warum aber ist ein Fenster mit einem offenbar als Portal gedachten Kunstwerk verziert? Befand sich hier früher eine Tür? Alexandra Husemeyer hat sich mit dem prachtvollen, über und über mit Reliefs verzierten Bogen beschäftigt und herausgefunden, dass dieser ursprünglich gar nicht für das Lutherhaus gedacht gewesen war: Das Portal geht auf Baumeister Hans Leonhard zurück, der um die Mitte des 16. Jahrhunderts aus dem süddeutschen Raum nach Eisenach kam und unter anderem 1546 den Georgenbrunnen schuf, die Georgenkirche renovierte und am alten Rathaus seine Spuren hinterließ. „Er schuf es für die Residenz der Herzöge von Eisenach, die in den 1560er-Jahren erbaut wurde", erklärt Alexandra Husemeyer.

Erst viel später kam der Torbogen mit den Reliefs ans Lutherhaus. Warum, das ist eine wechselvolle Geschichte. Doch widmen wir uns zunächst einmal der Betrachtung des so kunstvollen Werks: Das Portal setzt sich aus einem reich mit Figuren, Pflanzen und Engeln sowie zwei kleinen Wappenschilden verzierten Rundbogen zusammen. Auf dem einen Wappenschild ist eine Eule mit einem Zweig im Schnabel dargestellt, sie soll die Weisheit repräsentieren. Auf dem anderen Schild sind die Initialen *HL* und das Steinmetzzeichen Hans Leonards zu sehen. Oberhalb von zwei Reliefsäulen ist jeweils ein langbärtiges und behelmtes Soldatenhaupt zu erkennen, das über das Portal wacht. Neben diesem irdischen Schutz sollten auch beide Engel, die je einen beschrifteten Schild halten, himmlischen Schutz sichern. Die Aufschrift auf dem Schild des linken Engels lautet:

WO GOTT ZVM HAVS NICHT GIBT SEIN GVNST SO ERBEIT IEDERMAN VMB SONST WO GOTT DIE STADT NICHT SELBS BEWACHT SO IST VMB SONS DER WECHTER MACHT.

Der rechte Engel hält einen Schild mit folgenden Worten:

ROM 4 CHRISTVS IST VMB VNSER SVNDE WILLEN DAHIN GEGEBEN VND VMB VNSER GERECHTIGKEIT WILLEN AVFF ERWECKT ANNO DOMNINI 1563.

Ein weiteres, wohl bereits um 1480 entstandenes Relief befindet sich weiter links, es zeigt eine Bibelszene. „Wer etwas bibelfest ist, wird sie erkennen, es ist die Szene der Auferstehung Christi", gibt Alexandra Husemeyer einen Hinweis. In der Mitte ist Jesus mit seinen Wundmalen, in einen großen roten Mantel gewandt, von Strahlen umgeben und die Siegesfahne haltend vor dem Grab zu sehen. Links befinden sich zwei bewaffnete Männer, die die Augen geschlossen und ihre Hand am Gesicht halten, sie schlafen offensichtlich. „Die Wache auf der rechten Seite, die einen Speer mit goldener Spitze hält, ist aber hellwach und wird dadurch Zeuge des wichtigsten Augenblicks der christlichen Religion: der Auferstehung Christi, des Sieges über den Tod", erklärt die Gästeführerin.

Sowohl das Portal als auch das Osterrelief sind bunt bemalt. „Ein würdiger Schmuck, den Leonhard ursprünglich für das Residenzschloss angefertigt hat", kommentiert Alexandra Husemeyer. Es war fast wie eine Visitenkarte Leonhards, mit der er all sein künstlerisches Können zeigte. Dieses Kunstwerk kam vermutlich etwa 1740 an das Lutherhaus, das Hans Leonhard in den 1560er-Jahren von Margarethe Welcker erworben hatte. Die Ursache der Umsiedlung des Reliefs liegt im Abriss des Residenzschlosses südlich der Georgenkirche. Denn Ernst August (1688-1748), Herzog von Sachsen-Weimar-Eisenach, ließ auf der Nordseite des Marktplatzes das Eisenacher Stadtschloss errichten – obwohl er hochverschuldet war.

„Es gibt aber noch eine andere Erklärung für den Abriss, die jedoch so nicht belegt ist", weiß die Gästeführerin. Dieser Anekdote nach soll die Witwe Wilhelm Heinrichs von Sachsen-Eisenach (1691-1741), Anna Sophie Charlotte (1706-1751), aufgrund eines Streites mit dem Nachfolger ihres Gatten und anhaltender Demütigungen aus dem Residenzschloss ausgezogen sein. Allerdings nicht ohne vorher das Anwesen komplett auszuräumen, „sogar die Tapeten soll sie von den Wänden entfernt haben lassen. Das waren im Gegensatz zu heute meist Stofftapeten, also sehr teuer", erzählt die Gästeführerin. Das berichtet auch Georg Voss im 39. Heft von *Bau- und Kunstdenkmäler Thüringens*. Aus Zorn „[…] entfernten seine Allodialerben in rücksichtsloser Weise allen Hausrath und liessen sogar die kostbaren Tapeten von den Wänden reissen". Ernst August, „leicht erregbar wie er war", schreibt Voss, soll daraufhin den Befehl gegeben haben, das Schloss abzureißen. Nur der östliche Flügel, das Residenzhaus, blieb stehen.

Welche Variante nun auch stimmt – eines ist sicher: Die Residenz wurde abgerissen und das Tor ging auf Wanderschaft. Bildhauer Leonhard hätte sich sicher darüber gefreut, dass das Meisterwerk, von ihm einst für den Herzog geschaffen, nun an seinem ehemaligen Wohnhaus eine neue Heimtat fand.

Mike Durlacher

So geht's zum Portal:

Das Portal mit den Reliefs befindet sich an der Nordfassade des Lutherhauses, unübersehbar links vom Eingang zum Museum.

48

Steinbank

Geologe, Unternehmer und Wohltäter

Nur ein kleiner Trampelpfad führt zu der steinernen Bank mitten im Wäldchen auf der Göpelskuppe hinter dem Burschenschaftsdenkmal. Ebenjene Burschenschafter waren es auch, die diese Bank errichtet haben – zu Ehren einer ganz besonderen Frau: Louise Bornemann (1828-1889). Ehre wem Ehre gebührt – und oft steht diese auch der Frau hinter dem Manne zu: Louise Bornemann hatte zwar nicht direkt mit den Burschenschaftern zu tun, „doch ihrem Mann, Johann Georg Bornemann, waren sie zu großem Dank verpflichtet", berichtet Adolf Untsch, Mitglied im Denkmalerhaltungsverein Eisenach (DEV), und vermutet, dass „er derjenige war, der im Mittelpunkt stand, doch sie sollte auch eine Ehrung erhalten".

Johann Georg Bornemann (1831-1896) studierte Naturwissenschaften und promovierte bereits im Alter von 23 Jahren in Geologie, er war auch mit dem berühmten Naturforscher Alexander von Humboldt (1769-1859) in Kontakt. Durch dessen Förderung konnte er 1856 zum ersten Mal nach Italien reisen, um weiter zu forschen und sich später zu habilitieren. „Als sich Johann Georg in Turin aufhielt, traf er dort Louis Sellier, der ihm vorschlug, sich auf Sardinien am Blei- und Zinkbergbau zu beteiligen", hat der Denkmalführer recherchiert. Sellier war ein reicher Bankier, Unternehmer und Mit-

„Als sich Johann Georg in Turin aufhielt, traf er dort Louis Sellier, der ihm vorschlug, sich auf Sardinien am Blei- und Zinkbergbau zu beteiligen."

begründer der *Allgemeinen Deutschen Credit-Anstalt*. Sogar am Bau des Suez-Kanals war er beteiligt. „Sellier muss recht überzeugend gewesen sein, denn Bornemann machte sich nach Sardinien auf, um die dortigen Erzvorkommen zu untersuchen." Und tatsächlich, die reichen Bleierz-Vorkommen überzeugten Bornemann, er wurde Unternehmer und gründete die *Bergbaugesellschaft Gennamari-Ingurtosu*, die Tausende Tonnen der begehrten Erze förderte und sie nach Frankreich und Nordeuropa verschiffte.

„In diesen geschäftigen Zeiten starb Bornemanns Bruder", fährt Untsch fort. Und nun kommt auch Louise, die Tochter Louis Selliers, ins Spiel. Besser gesagt, spielte sie schon länger eine Nebenrolle in Bornemanns Leben – bisher war sie seine Schwägerin gewesen, nun aber wurde sie seine Ehefrau: „Er heiratete Louise, die Witwe seines Bruders. Das Paar wohnte zunächst in Leipzig und zog 1864 nach Eisenach, um sich dort in der neu erbauten Bornemannvilla niederzulassen", berichtet das Mitglied des Denkmalerhaltungsvereins.

Bornemann betätigte sich auch weiterhin unternehmerisch, er gründete 1875 die Eisenacher Ziegelei-Aktiengesellschaft bei Stregda, die bis zur Wende bestand. Doch so ganz hatte ihn der Forschergeist nicht verlassen, denn als in den 1870er-Jahren frühzeitliche Spuren in seiner Ziegeleigrube entdeckt wurden, ließ der studierte Paläontologe Bornemann diese systematisch freilegen und untersuchen: Es handelte sich um die Überreste einer bandkeramischen Siedlung, der ältesten jungsteinzeitlichen bäuerlichen Kultur in ganz Mitteleuropa. Dieser Fund sollte später den Grundstock zur Einrichtung des Thüringen-Museums in Eisenach bilden.

Durch geschicktes Handeln konnte Bornemann viel Grundbesitz anhäufen, vergaß aber nie seine Leidenschaft für die Forschung, zeitlebens verfasste er wissenschaftliche Abhandlungen zur Botanik und Geologie. Als Louise 1889 starb, hinterließ sie ihm sieben Kinder, die Eisenach nachhaltig prägten, er selbst verstarb 1896. Seine Erben verkauften die Bornemannvilla und schenkten der Burschenschaft das Grundstück für ihr Denkmal (siehe Geheimnis 38). „Als Dank errichteten diese für Bornemanns Frau Louise die Steinbank mit einem unvergleichlichen Ausblick auf die Wartburg", schließt der Denkmalführer die Geschichte und lässt sich auf der massiven Bank nieder, um diesen Ausblick zu genießen.

„Als Dank errichteten diese für Bornemanns Frau Louise die Steinbank mit einem unvergleichlichen Ausblick auf die Wartburg."

Mike Durlacher

....

So geht's zur Steinbank:

Die Bank findet man auf der Göpelskuppe, wenn man links am Burschenschaftsdenkmal vorbeigeht und dem kleinen Trampelpfad in den Wald folgt.

Helga Stange hat sich intensiv mit dem Lebensweg der heiligen Elisabeth befasst und weiß um die Bedeutung der Krone.

49

Krone

Insignie an den Nagel gehängt

Eine Landgräfin. Und eine Krone. Beides dargestellt auf dem bekannten, relativ neuen Elisabeth-Denkmal am Haupteingang der neogotischen Pfarrkirche St.-Elisabeth. Doch die Krone ziert mitnichten das Haupt der Herrscherin – sondern hängt am Nagel. Wie es zu dieser außergewöhnlichen Darstellung kam, kann Helga Stange, Mitglied des Eisenacher Gästeführervereins, aus erster Hand berichten. Denn sie war bei der Besprechung des Denkmalentwurfs der Bronzestatue des Leipziger Künstlers Markus Gläser (geb. 1960) dabei, in deren Gestaltung Vorschläge von Gemeindemitgliedern einflossen: „Anlässlich des 125-jährigen Kirchweihjubiläums wurde die 2,25 m hohe Bronzeplastik am 16. November 2013 aufgestellt und geweiht."

Elisabeth (1207-1231), Tochter des ungarischen Königs Andreas II., wird schon im Alter von vier Jahren mit Ludwig, dem ältesten Sohn des Landgrafen Hermann von Thüringen (1155-1217), verlobt. Die ungarische Prinzessin muss deshalb mitsamt ihrer reichen Mitgift in diesem zarten Alter ihr Zuhause verlassen und auf die Wartburg über- siedeln. „Dass die jungen Mädchen von der Familie des zukünftigen Ehemanns erzogen wurden, war damals im Adel üblich", erklärt Helga Stange. 1221 geben sich die 14-jährige Elisabeth und Ludwig IV. (1200-1227) in der Georgenkirche in Eisenach das Ja-Wort – und die Ehe wird, auch wenn es sich um eine arrangierte Verbindung handelt – glücklich. Als Indiz dafür gilt zum Beispiel, dass die Eheleute entgegen den damaligen Gepflogenheiten beim Essen an der Tafel immer nebeneinander saßen. „Sie tauschten auch den einen oder anderen Kuss in der Öffentlichkeit, was nicht den höfischen Sitten entsprach",

Aussagefähiges Detail am Elisabeth-Denkmal: eine Krone, die an einem Nagel hängt.

ergänzt die Eisenacherin. Elisabeth begleitet ihren Mann häufig auf dessen Reisen. Und wenn dies ein- mal nicht möglich ist, legt sie laut den Schilderungen ihrer Dienerin Isentrud von Hörselgau im *Libellus de dictis quatuor ancillarum sanctae Elisabeth confectus* Trauerkleidung an.

„Trotz ihres jungen Alters widmete sich Elisabeth schon zu Beginn ihrer Ehe aktiv der Hilfe für Bedürf- tige und fand dabei Unterstützung bei ihrem Gatten", berichtet Helga Stange. Bereits zwei Jahre nach der Vermählung, 1223, gründet das Ehepaar in Gotha ein Hospital und versieht es mit Besitzungen, deren Einnahmen die Finanzierung lang- fristig sichern sollen. Im selben Jahr wird der Laienbruder Rodeger geistlicher Berater Elisabeths. Er ist es auch, der sie auf die Lehre von Franz von Assisi (1181/82-1226) aufmerksam macht und für dessen Forderung, ein Leben in Armut,

Gehorsam und Keuschheit in getreuer Nachfolge von Christus zu führen. „Am Denkmal wurde dieses Detail durch die zahlreichen Tierdarstellungen berücksichtigt, da Franz von Assisi sich sehr für die Schöpfung und so auch für die Tierwelt eingesetzt hat", erklärt das Gemeindemitglied. Da Elisabeth dem höfischen Prunk am Thüringer Hof seit jeher kritisch gegenübersteht, eifert sie der sich von Italien immer mehr ausbreitenden Armutsbewegung nach und sorgt dafür, dass sich die Franziskaner ab 1225 – also noch zu ihren Lebzeiten – in Eisenach ansiedeln können.

Das Denkmal zeigt sie folgerichtigerweise auch barfuß, wie sie den Berg von der Wartburg zu den Bedürftigen in die Stadt herabsteigt. Trotzdem ist durch den Stehkragen, den Haarkranz und den Sternensaum ein landgräfliches Erscheinungsbild erkennbar. Sie lächelt. „Seht, ich habe es immer gesagt, man muss die Menschen froh machen", lauten authentische Elisabethworte. Und deshalb kommt sie auch nicht mit leeren Händen.

Elisabeths Einsatz für Bedürftige geht weit über das normale Maß hinaus. „Sie spann Wolle, webte daraus Tücher und verteilte diese unter den Armen. In einem besonders schlimmen Winter öffnete sie die landgräflichen Kornkammern, um die notleidende Bevölkerung zu unterstützen", schildert Helga Stange das Engagement der jungen Adeligen. Sie verschenkt ihre kostbaren Kleider und sogar ihren Schmuck an die Armen. Entgegen der Etikette als Landgräfin erscheint sie bei kirchlichen Festen barfuß und in einem aus grober Wolle gewebten Gewand. Selbst wenn hohe Staatsgäste an der Tafel sitzen, isst sie nur dann etwas, wenn sie weiß, dass die Lebensmittel rechtmäßig erworben worden waren. Andere Mitglieder bei Hofe fordert sie auf, es ihr gleich zu tun.

Während der thüringische Hof sie für ihr wohltätiges Handeln und das Hinwegsetzen über Standesgrenzen heftig kritisiert, stellt sich ihr Gatte hinter sie und lässt sie gewähren. Untypisch für einen Mann in der damaligen Zeit! Er unterstützt sie 1226 auch bei ihrem Vorhaben, unterhalb der Wartburg auf dem heutigen Elisabethplan ein Spital zu gründen, von dem heute noch Grundmauern zu sehen sind. „Elisabeth finanzierte das Hospital aber nicht nur, sondern sie half, so oft es ihr möglich war, mit und war sich für keine Arbeit zu schade", hebt Helga Stange hervor. Martin Luther habe sie stets als Vorbild der tätigen Armenfürsorge gewürdigt. So findet man am Denkmal auch die „Lutherrose" und die „Lutherbibel" als Zeichen der Ökumene.

1226 löst Konrad von Marburg (etwa 1180-1233) den Laienbruder als religiösen Beistand Elisabeths ab. Wie schon sein Vorgänger, hat auch er großen Einfluss auf Elisabeth – und auf ihren Gatten. Konrad überzeugt ihn, am Fünften Kreuzzug Kaiser Friedrichs II. (1194-1250) teilzunehmen. Bevor Ludwig sich jedoch auf die beschwerliche Reise begibt, legt Elisabeth vor dem Altar des Eisenacher Katharinenklosters ein zweifaches Gelübde ab: Sie verspricht, sofern es die Rechte ihres Gatten nicht berühren würde, Konrad Gehorsam zu leisten, und, sollte Ludwig vor ihr sterben, immerwährende Keuschheit.

Elisabeth begleitet ihren Mann noch bis zur Grenze Thüringens und nimmt in Schmalkalden Abschied. Es soll das letzte Mal sein, dass sie ihn sieht – Ludwig stirbt kurz vor der Einschiffung in Italien an einer Infektion. Als Elisabeth von seinem Tod erfährt, bricht für sie eine Welt zusammen. Sie hat nicht nur ihren Gatten und Vater ihrer drei Kinder verloren, sondern auch ihren Fürsprecher: Die Animositäten gegen Elisabeth, die unter der Oberfläche schon zu seinen Lebzeiten am thüringischen Hof schwelten – allen voran vonseiten ihres Schwagers Heinrich Raspe – treten jetzt offen zutage. Nicht nur, dass man ihr den Anspruch auf ihren Witwensitz verwehrt, weil man befürchtet, dass sie alles unter den Armen verteilen würde, die junge Frau wird immer heftiger angegriffen. Die Feindseligkeiten führen dazu, dass Elisabeth die Wartburg schließlich mittellos verlässt und in der Stadt nur noch Unterkunft in einem Schweinestall gefunden haben soll.

„Ihr Onkel Bischof Eckbert von Bamberg wollte sie zu einer Vermählung mit Kaiser Friedrich II. drängen, dies lehnte sie jedoch empört ab, ‚lieber lass' ich mir die Nase abschneiden, als noch einmal zu heiraten'."

Daran soll das Schweinchen am Denkmal erinnern. Denn selbst diejenigen, denen sie einst geholfen hat, zeigen ihr nur noch die kalte Schulter.

Doch das ist ihr allemal lieber, als ihr Gelübde zu brechen und erneut zu heiraten. „Ihr Onkel Bischof Eckbert von Bamberg wollte sie zu einer Vermählung mit Kaiser Friedrich II. drängen, dies lehnte sie jedoch empört ab, ‚lieber lass' ich mir die Nase abscheiden, als noch einmal zu heiraten'", zitiert die Gästeführerin die junge Witwe. Nach langem Hin und Her erhält sie doch noch eine Entschädigung für das ihr zustehende Wittum.

Elisabeth geht 1228 nach Marburg und lässt dort außerhalb der Stadtmauern ein Hospital errichten, in dem sie sich als ärmliche Spitalschwester besonders um die Leprakranken kümmert – bis hin zur Selbstaufgabe und dem Verzicht auf persönliches Glück. Besonders Kindern gilt ihr liebevolles Augenmerk, sie pflegt die kleinen Kranken aufopfernd und mit ganzer Hingabe. Gerade einmal 24 Jahre ist Elisabeth alt, als sie nach einer kurzen, schweren Erkrankung stirbt.

Ihr Beichtvater Konrad von Marburg, der ihr einen asketischen Lebenswandel verordnet und sich selbst der Ketzerverfolgung verschrieben hat, forcierte unmittelbar nach ihrem Tod ihr Heiligsprechungsverfahren. „Am 27. Mai 1235, also bereits vier Jahre nach ihrem Tod, wurde sie durch Papst Gregor IX. heiliggesprochen", sagt Helga Stange.

Und die Krone an ihrem Denkmal? Die an den Nagel gehängt wurde? Sie ist das Sinnbild für Elisabeths Leben. Für die Frau, der Macht ebenso wenig galt wie Reichtum. Die all das – in Form ihrer Krone – sinnbildlich an den Nagel hängte, um sich der Nächstenliebe zu verschreiben.

Melanie Kunze

So geht's zur Krone:

Die Krone befindet sich unterhalb des Torbogens auf der rechten Seite des Denkmals, das am Haupteingang der katholischen St.-Elisabeth-Kirche in der Sophienstraße steht.

Sandra Wichmann kennt sowohl die Sage vom Bäckerstein als auch die Hintergründe.

50

Bäckerstein

Buße bis in die Ewigkeit

E
r sieht ziemlich ramponiert aus, der hellbraune Stein an der Nordseite des Turms der Georgenkirche. In etwa zwei Metern Höhe hängt er, die Ränder sind unregelmäßig, als hätte man sie nachträglich abgeschlagen. Der Sandstein hat unter den Wettereinflüssen sichtlich gelitten. „Der Stein, genannt Bäckerstein, hängt seit dem 6. Juli 1902 an dieser Stelle und kündet von einer Sage", weiß Sandra Wichmann. Dabei ist er aber viel älter, er stammt wie die Sage wahrscheinlich aus dem 15. Jahrhundert.

Zu sehen ist auf dem Relief ein kniender Mann mit zum Gebet erhobenen Händen, schulterlangem Haar, bürgerlicher Kleidung und einer Geldkatze am Gürtel. Daneben befindet sich ein schräg gelegter Wappenschild, auf dem eine Waage, eine Wolfsangel und ein Malteserkreuz zu sehen sind. Darunter wurde nachträglich – zu erkennen an der Vertiefung – eine Inschrift herausgeschlagen und eine neue angebracht, die von dem Datum kündet, an dem der Stein an der Turmmauer angebracht wurde. „Zwischen der *19* und der *02* kann man ein *JH* oder ein *HH* erkennen. Das ist vermutlich das Steinmetzzeichen des Baumeisters", erklärt die Gästeführerin die Bedeutung der fast unsichtbaren Buchstaben.

Diese Inschrift war aber nicht immer dort, zumindest nicht als der Stein am Turm angebracht wurde, denn Georg Voss schreibt im 39. Band von *Bau- und Kunstdenkmäler Thüringens*: „Die früher auf dem Stein befindliche Jahreszahl *14* ist bei dem Umbau von 1898 durch Meisselschläge beseitigt, um statt dessen den Namen des damals die Bauausführung leitenden Bauführers anzubringen. Diese letztere Inschrift ist neuerdings wieder beseitigt."

Bevor der Stein an der Außenmauer des Turms angebracht wurde, lag er bis zum Umbau der Kirche im Jahr 1898 an der westlichen Front, also direkt vor dem Haupteingang, auf dem Boden. Diese Platzierung spielte wohl in die Sage mit hinein, die sich um diesen Stein rankt. Ihr zufolge soll ein Eisenacher Bäcker während einer Hungersnot zu kleine Brote gebacken haben, darauf verweist die Waage auf dem Schild. Auch soll er, um noch mehr Geld zu sparen, das Mehl mit Asche gestreckt und sich so am Elend seiner Mitmenschen bereichert haben, worauf die Geldkatze an seinem Gürtel hindeutet. „Aber an seinem Lebensabend muss ihn wohl sein schlechtes Gewissen geplagt haben, ebenso die Angst vor dem Höllenfeuer, das ihn als habgierigen Betrüger erwartete. Er verfügte, dass sein Grabstein, der jetzt an der Turmmauer hängt, vor dem Eingang zur Georgenkirche auf dem Boden angebracht wird, worauf er in bittender Haltung abgebildet ist", erzählt die Eisenacherin weiter. Jeder Eisenacher, der in die Kirche ging, trat ihn buchstäblich mit Füßen und demütigte ihn damit.

„So wollte der betrügerische Bäcker Buße tun, damit er am Tag des Jüngsten Gerichts Gnade im Angesicht Jesu finden würde."

„So wollte der betrügerische Bäcker Buße tun, damit er am Tag des Jüngsten Gerichts Gnade im Angesicht Jesu finden würde", sagt Sandra Wichmann.

Doch wie es nun einmal mit Sagen so ist, lässt sich hierfür beim Bäckerstein kein Beweis finden. Dr. Gerd Bergmann führt in seinem

Buch *Ältere Geschichte Eisenachs. Von den Anfängen bis zum Beginn des 19. Jahrhunderts* Folgendes an: „Ob es sich bei der Gestalt um einen Krämer oder Bäcker handelt, ist nicht auszumachen. [...] Dies trifft auch für die Wolfsangel als eventuelles Steinmetzzeichen zu. Da die Urkunden fehlen, kann nicht belegt werden, ob das Malteserkreuz als Gerichts- oder Todeszeichen zu bewerten ist." Wolfsangeln waren Jagdgeräte, die aus Doppelhaken an einer Kette bestanden. Man bestückte den Haken mit einem Köder und hängte ihn an der Kette in einer solchen Höhe in einen Baum, dass der Wolf hochspringen musste, um den Köder zu erwischen. Der Haken verfing sich dabei im Maul des Wolfes, worauf dieser in der Luft am Baum hängen blieb und elendig zugrunde ging.

„Wenige wissen, dass der Bäckerstein vor dem Umbau der Kirche vor dem Portal lag. Dass Menschen zur Buße ihre Grabsteine so vor den Kirchen anbrachten, gab es aber immer wieder", erzählt Sandra Wichmann. „Etwas ungewöhnlich ist das etwa zwei Zentimeter große quadratische Loch, das sich mitten im Stein befindet. Niemand weiß, was es damit auf sich hat." Es muss wohl neueren Datums sein, jedenfalls war es nicht im Original enthalten.

Über den inzwischen hoch oben vermauerten Bäckerstein wird schon lange nicht mehr geschritten, Buße kann der Bäcker auf diese Weise also nicht mehr tun. Ob die etwa 500 Jahre, in denen sein steinernes Konterfei vor dem Kircheneingang lag, für den Eintritt in den Himmel gereicht haben, können irdische Instanzen wohl nicht beantworten.

Mike Durlacher

....
So geht's zum Bäckerstein:

Der Bäckerstein befindet sich in etwa zwei Metern Höhe an der Nordseite des Turmes der Georgenkirche zum Markt hin.

Quellen, Literatur, Bildnachweis

Albrecht, Thorsten; Atzbach, Rainer: Elisabeth von Thüringen, Leben und Wirkung in Kunst und Kulturgeschichte. Petersberg 2007.

Allgemeine Deutsche Biographie: „Preller", Band 26. Leipzig 1888, S. 553-561.

Altenburger, Andreas: Panzer-Regiment 2. URL: http://www.lexikon-der-wehrmacht.de/ Gliederungen/Panzerregimenter/PR2-R.htm. Abgerufen am 19.12.2018.

Ders.: Reiter-Regiment 7, 7. (Preuß.) Reiter-Regiment, Reiter-Regiment Breslau. URL: http:// www.lexikon-der-wehrmacht.de/Gliederungen/ Reiterregiment/RR7-R.htm. Abgerufen am 19.12.2018.

Anonym: Zur Geschichte des ehemaligen ostpreußischen National-Kavallerie-Regiments in den Feldzügen von 1813 und 1814. Mittheilungen aus den Tagebüchern und Erinnerungen eines Freiwilligen. Leipzig 1846, S. 104.

Antrag, Michael: Kolmanskop – Die bekannteste Geisterstadt Namibias. URL: https://www. kolmanskop.de/. Abgerufen am 28.01.2019.

Assel, Jutta; Jäger, Georg: „Friedrich Preller der Ältere. Odyssee-Landschaften". URL: http://www. goethezeitportal.de/index.php?id=6696. Abgerufen am 17.01.2019.

AWE Stiftung Eisenach: Stiftung übernimmt das alte AWE-Haupttor. URL: http://www.awe-stiftung. de/scripts/news/965/56327?showall=1. Abgerufen am 04.03.2019.

Balzer, Friedrich-Martin: Sicherung des Friedens. Vor 100 Jahren wurde der "Atomspion" Klaus Fuchs geboren. URL: http://www.ag-friedensforschung. de/themen/Atomwaffen/fuchs.html. Abgerufen am 16.06.2019.

Beck, Manfred; Herrmann, Dirk: „Straßenbahndepot". URL: https://archive. fo/20130211022834/http://www.eisenach.de/ Denkmaltag-2010.3239.0.html. Abgerufen am 14.01.2019.

Beichler, Rainer: „Hauptbahnhof und Fürstenbahnhof". URL: https://www. eisenachonline.de/kultur/hauptbahnhof-und-fuerstenbahnhof-27727. Abgerufen am 18.12.2018.

Ders.: „Vor 35 Jahren: Aus für Eisenacher Straßenbahn". URL: https://www.eisenachonline. de/kommunales/vor-35-jahren-aus-fuer-eisenacher-strassenbahn-29666. Abgerufen am 14.01.2019.

Bergmann, Gerd: Ältere Geschichte Eisenachs. Von den Anfängen bis zum Beginn des 19. Jahrhunderts. Eisenach 1994, S. 69 f., 235-246.

Birkenmeier, Jochen: Das Lutherhaus in Eisenach. Eisenach 2015, S. 15-17, 14-20.

Brunner, Reinhold: „Zur Geschichte des Fremdenverkehrs in Eisenach / Teil 1". In: Denkmalgeflüster, Nr. 27, Ausgabe 02/2016, S. 6-10.

Busch, Wilhelm: Max und Moritz – eine Bubengeschichte. München 1865.

Büttner, Karlheinz: „… So lang noch das Lämpchen glüht". Eisenachs historischen Gaststätten auf der Spur. Eisenach 2000, S. 134.

Czauderna, Henry: Drachenschlucht. URL: https:// www.thueringen.info/drachenschlucht.html. Abgerufen am 04.12.2018.

Das Erste.de: „Familie Dr. Kleist". URL: https:// www.daserste.de/unterhaltung/serie/familie-dr-kleist/index.html. Abgerufen am 12.02.2019.

Dehio, Georg: Handbuch der deutschen Kunstdenkmäler. Mitteldeutschland, Band 1. Berlin 1905, S. 78.

Der Spiegel: „Jedes Blatt Papier war numeriert…", Heft 44. Hamburg 1965, S. 160-170.

Dibb.de Biographien: „Karl V. – Römischer-deutscher Kaiser". URL: http://dibb.de/karl-schmalkaldischer-bund.php. Abgerufen am 13.12.2018.

Doht, Matthias: „Die Automobilbegeisterung der Wilhelmine Ehrhardt aus Eisenach". In: Thüringische Allgemeine vom 15.07.2016.

Domagala, Rosemarie: „Der Oberburghauptmann Hans Lukas von Cranach. 7.1.1855 bis 18.10.1929". In: Wartburg-Stiftung (Hrsg.): Wartburg-Jahrbuch, Band 1995. Wechmar 1996, S. 137-148.

Erfurt-web.de: „Heinrich Raspe IV.". URL: http:// www.erfurt-web.de/Heinrich_Raspe. Abgerufen am 22.01.2019.

Federal Bureau of Investigation: Fall Rosenberg. Klaus Fuchs. Aktennummer 65-5.

Fiegle, Michael: „Wissenschaftler und Unternehmer prägte Fachgebiete und eine ganze Stadt". In: Thüringer Allgemeine vom 5.06.2016. URL: https://badlangensalza.thueringer-allgemeine.de/web/badlangensalza/startseite/detail/-/specific/Wissenschaftler-und-Unternehmer-praegte-Fachgebiete-und-eine-ganze-Stadt-32651672. Abgerufen am 21.01.2019.

Geffray, Geneviève; Senigl, Johanna (Hrsg.): Florilegium Pratense: Mozart, seine Zeit, seine Nachwelt. Ausgewählte Aufsätze von Rudolph Angemüller. Salzburg 2005, S. 72 f.

Gensel, Julius: Friedrich Preller d. Ä. Bielefeld und Leipzig 1904, S. 26-50.

Geschichtsatlas: „Lebenslauf Martin Luthers". URL: http://www.geschichtsatlas.de/~ga14/body/beitraege/luther.htm. Abgerufen am 13.12.2018.

Grimm, Brüder: Kinder- und Hausmärchen. Berlin 1812, S. 106-110.

Grosch, Martina: Die frohe Botschaft in Luthers Liederdichtung. Didaktisch reflektiert im Blick auf das 4. Schuljahr, o.O. 2001, S. 12-18, 26-30.

Gunkel, Christoph: „Geisterstadt im Wüstensand". URL: http://www.spiegel.de/einestages/vergessene-orte-geisterstadt-im-wuestensand-a-946435.html. Abgerufen am 28.01.2019.

Gunkel, Heinz: „Pfarrkirche St. Elisabeth in Eisenach und Elisabethdenkmal". Eisenach o.J.
Heß, Richard: „König, Gottlob". In: Allgemeine Deutsche Biographie, Band 16. Leipzig 1882, S. 509-512.

Heuss, Theodor: „Abbe, Ernst". In: Neue Deutsche Biographie 1 (1953), S. 2-4 [Online-Version]; URL: https://www.deutsche-biographie.de/pnd118646419.html#ndbcontent. Abgerufen am 02.02.2019.

Hohberg, Reiner: „Thüringer Sagengeheimnisse: Der geschleuderte Ratsherr". In: Thüringer Allgemeine vom 30.08.2001.

Hörgarten Oldenburg: „Die Flüsterspiegel". URL: http://www.hoergarten.de/index.php?show=7. Abgerufen am 30.01.2019.

Huber-Kemmesies, Anette: Die Drachenschlucht in Eisenach. URL: http://www.thueringen-lese.de/index.php?article_id=319. Abgerufen am 04.12.2018.

Humberg, Felix: Eisenacher Schriften zur Heimatkunde – Chronik der Wartburgstadt Eisenach und ihrer Umgebung , Teil 3. Eisenach 1982.

Janssen, Johannes: Geschichte des Deutschen Volkes seit dem Ausgang des Mittelalters, Band 3. Paderborn 2015, Nachdruck des Originals von 1883, S. 106.

Jena, Detlef: „Hass und Leidenschaften: Großherzog Carl Friedrich und seine Frau". URL: https://www.tlz.de/web/zgt/kultur/detail/-/specific/Hass-und-Leidenschaften-Grossherzog-Carl-Friedrich-und-seine-Frau-1534490366. Abgerufen am 07.12.2018.

Kleinschmidt, Heiko: „Mit Eisenacher auf Spurensuche in Hötzelsroda". In: Thüringer Allgemeine vom 21.11.2012.

Knaake, Karl: D. Martin Luthers Werke. Kritische Gesamtausgabe, Band 18. Weimar 1908, S. 298, 357 f.

Kniese, Arnd: „Friedrich der Große ante portas Eisenach". In: Denkmalgeflüster, Nummer 26. Eisenach 2016, S. 9-15.

König, Gottfried: Die Waldpflege aus der Natur u. Erfahrung neu aufgefasst. Der Forstbehandlung zweiter Theil. Gotha 1849, S. 300.

Kress, Hans Werner: „Tobias Weiß (1840-1929) – Ein Leben zwischen Kunst und Handwerk". In: Geschichtsverein Fürth e.V. (Hrsg.): Fürther Geschichts Blätter, Heft 3, 2012, S. 59-78.

Kühne, Ferdinand Gustav (Hrsg.): „Thüringer-Wald-Partieen". In: Europa. Chronik der gebildeten Welt, Band 2. Ausgabe vom 24. Oktober 1846, S. 49-54.

Kulturbüro des Rates der EKD: „Georgenkirche Eisenach". URL: http://kulturkirchen.org/kirchen/def4cfd58a6f1ad0b2ae49304db31d10/Georgenkirche. Abgerufen am 12.02.2018.

Kulturgut Mobilität: „ BMW Automobil- und Motorradunternehmensgeschichte". URL: https://www.kulturgut-mobilitaet.de/aktuell/hist-mobilitaet/2572-bmw-unternehmensgeschichte. Abgerufen am 07.03.2019.

Linkenheld, Christian: „Pfad durch die Lichtmikroskopie". URL: http://www.mikroskopie.de/pfad/bildentstehung/eins.html. Abgerufen am 16.01.2019.

Linthout, Ine van: Das Buch in der

nationalsozialistischen Propagandapolitik. Berlin 2012, S. 18.

List, Friedrich: Ueber ein sächsisches Eisenbahn-System als Grundlage eines allgemeinen deutschen Eisenbahn-Systems und insbesondere über die Anlegung einer Eisenbahn von Leipzig nach Dresden. Leipzig 1833, S. 23 f.

Ders.: Das Deutsche National-Transport-System in volks- und staatswirthschaftlicher Beziehung. Altona/Leipzig 1838, S. 6.

Literaturland Thüringen: „Julie von Bechtolsheim". URL: http://www.literaturland-thueringen.de/personen/julie-von-bechtolsheim/. Abgerufen am: 01.03.2019.

Lucascranach.org: „Über Lucas Cranach". URL: http://lucascranach.org/lucas-cranach, Abgerufen am 10.01.2019.

Lueger, Otto: Lexikon der gesamten Technik und ihrer Hilfswissenschaften, Band 7. Stuttgart/Leipzig 1909, S. 161-163.

Luther 2017: „Luther auf dem Reichstag in Worms". URL: https://www.luther2017.de/neuigkeiten/luther-auf-dem-reichstag-in-worms/. Abgerufen am 13.12.2018.

Luther.de: „Das Universitätswesen zur Zeit Martin Luthers". URL: https://www.luther.de/uniwes.html#sfk. Abgerufen am 03.01.2018.

Luther erleben: „Der Reformator: Martin Luther". URL: https://www.luther-erleben.de/persoenlichkeiten/martin-luther/. Abgerufen am 13.12.2018.

Martin-Luther-Gymnasium: „Schulgeschichte". URL: http://www.martin-luther-gymnasium.com/schulgeschichte/ Abgerufen am 03.01.2018.

Mayer, Otto: „Streng sozial gegliedert". In: Allgemeiner Anzeiger Eisenach vom 31.12.2011. MDR Kultur: „Fritz Erbe – Täufer aus Herda bei Eisenach". URL: https://www.mdr.de/kultur/themen/fritz-erbe-refjahr100.html. Abgerufen am 21.01.2019.

Meißner, Norman: „Milliardär starb mit 2,50 Mark Ettenhäuser sammelte Diamanten auf wie andere verlorenes Kleingeld". In: TLZ vom 28.03.2008.

Ders.: „Sanierungsarbeiten am Eisenacher Glockenturm nötig". In: TLZ vom 15.10.2011.

Ders.: „Aus dem Eisenacher Stadtbild verschwunden (71) Glockenturm". In: TLZ vom 14.11.2015.

Ders.: „Eisenach: Die Geschichte der BMW-Flugzeugmotorenwerke". In: Thüringer Allgemeine vom 09.10.2018.

Melchers, Erna (Hrsg.) und Hans: Das Jahr der Heiligen. Geschichte und Legende. München 1965, S. 748-750.

Meyers Konversations-Lexikon: „Bechtolsheim", Band 2. Leipzig/Wien 1885, S. 586. Ministerium der öffentlichen Arbeiten: Centralblatt der Bauverwaltung, Jahrgang 20, Heft 11. Berlin 1900, S. 66 f.

Minnesang: „Der Sängerkrieg auf der Wartburg. Dichtung und Wahrheit". URL: http://www.minnesang.com/saengerkrieg.html. Abgerufen am 07.01.2018.

Moeller, Bernd; Stackmann, Karl: Luder – Luther – Eleutherius. Erwägungen zu Luthers Namen. Göttingen 1981.

Muij-Fleurke, H.J. de: „Anna Pavlovna". URL: http://resources.huygens.knaw.nl/vrouwenlexicon/lemmata/data/AnnaPaulowna/en. Abgerufen am 04.12.2018.

Otto, Michael: Geschichte. URL: https://www.schmaleshaus.de/geschichte/. Abgerufen am 07.01.2019.

Pacher, Josef: „König, Gottlob". In: Stolberg-Wernigerode, Otto zu: Neue deutsche Biographie, Band 12. Berlin 1980, S. 338 f.

Paullini, Kristian Frantz: Neu-vermehrte heilsame Dreck-Apotheke. Frankfurt am Main 1697.

Pelizaeus, Anette: „Legende oder Wirklichkeit? Das Wissen von städtischen Klostergründungen in der Historiographie des Mittelalters und der frühen Neuzeit". In: Rogge, Jörg (Hrsg.): Tradieren – Vermitteln – Anwenden: Zum Umgang mit Wissensbeständen in spätmittelalterlichen und frühneuzeitlichen Städten. Berlin 2009, S. 280-283.

Peter, Hugo: „Hausmarken und Steinmetzzeichen in und um Eisenach; die Eisenacher Stadtsiegel". In: Beiträge zur Geschichte Eisenachs, Band 6. Eisenach 1897, S. 5-42.

Reckenfeld, Anja: „Elisabeth von Thüringen und Konrad von Marburg. Facetten einer Beziehung". Masterarbeit 2014. URL: https://www.grin.com/document/295905. Abgerufen am 06.01.2019.

Redensarten.net: „Woher kommt das Schlitzohr".

URL: http://www.redensarten.net/schlitzohr/.
Abgerufen am 08.01.2018.

Reuß, Heinrich XLV.: „Die Wartburg-Waldbühne
in Eisenach. Sinn und Ziel eines Aufbaus". In:
Reinhold Vesper (Hrsg.): Das Thüringer Fähnlein.
Monatshefte für die mitteldeutsche Heimat. Jena
1932/33, S. 224-229.

Ricker, Julia: „Konzepte des protestantischen
Kirchenbaus. Profan oder sakral?" URL: https://
www.monumente-online.de/de/ausgaben/2017/1/
Kirchenbau/protestantischer-Kirchenbau.php#.
XBedOM1CeUk. Abgerufen am 17.12.2018.

Roquette, Otto: Friedrich Preller: Ein Lebensbild.
Frankfurt a.M. 1883, S. 1-22, 88-96.

Rossbach, Peter: „Klaus Trippstein ist tot: Eisenach
verliert einen Lebenskünstler, Musiker, charmanten
Plauderer". URL: https://eisenach.thueringer-
allgemeine.de/web/eisenach/startseite/detail/-/
specific/Klaus-Trippstein-ist-tot-Eisenach-verliert-
einen-Lebenskuenstler-Musiker-char-1612118152.
Abgerufen am 07.01.2019.

Rossi, Dominique: „Der schwere Kampf um die
Eisenacher Liegenschaften". In: Denkmalgeflüster,
Heft 1. Eisenach 2010, S. 17.

Schaller, Hans Martin: „Heinrich Raspe". In: Neue
Deutsche Biografie, Band 8. 1969, S. 334-336. URL:
https://www.deutsche-biographie.de/sfz53171.html.
Abgerufen am 22.01.2019.

Schellbach, Birgit: „Neue Praxis von Dr. Kleist in
Eisenach vorgestellt". In: Thüringer Allgemeine
vom 14.10.2015.

Schellbach, Birgit: „Zu Besuch im ‚Handtuch' am
Johannisplatz". URL: https://eisenach.thueringer-
allgemeine.de/web/eisenach/startseite/detail/-/
specific/Zu-Besuch-im-8222-Handtuch-8220-am-
Johannisplatz-343694706. Abgerufen am
07.01.2019.

Dies.: „Von Hofdamen und Herzoginnen,
Kunstmalern und Wissenschaftlern". In: Thüringer
Allgemeine vom 26.02.2018.

Schmidberger, Katja: „Mit Henner und Frieder
begann die Tradition". In: Thüringer Allgemeine
vom 10.02.2017.

Schmitz-Scholeman, Christoph: „Vorbemerkung 2.
Alles begann in Eisenach". In: Literatur, Recht und
Musik: Tagung im Nordkolleg Rendsburg vom 16.
bis 18. September 2005. Berlin 2007, S. 12.

Schottner, Alfred: Die „Ordnungen" der

mittelalterlichen Dombauhütten. Verschriftlichung
und Fortschreibung der mündlich überlieferten
Regeln der Steinmetzen. Münster/Hamburg 1994,
S. 60.

Schröder, Dorothea: Johann Sebastian Bach.
München 2012, S. 10-16.

Schulze, Adolf Moritz: Heimathskunde für die
Bewohner des Herzogthums Gotha, Band 2. Gotha
1846, S. 89-93.

Schumann, Volkmar: Goethe in Eisenach. Eisenach
1999, S. 5-12.

Schwarz, Barbara: Die Geschichte des Eisenacher
Schulwesens. Vortrag vom 6.2.2018 vor dem
Geschichtsverein Eisenach.

Simrock, Karl (Hrsg.): Der Wartburgkrieg.
Stuttgart/Augsburg 1858. URL: http://12koerbe.de/
lapsitexillis/wartb-1.htm. Abgerufen am 02.02.2019.

Sommergewinn Eisenach: „Originale". URL:
https://www.sommergewinn-eisenach.de/
brauchtum/originale.html .Abgerufen am
03.03.2019.

SPD Eisenach: Buchenwald war auch in Eisenach.
URL: https://spd-eisenach.de/buchenwald-war-
auch-in-eisenach/. Abgerufen am 04.03.2019.

Spee, Eberhard: Rüstung im Weltkrieg: Ein
Motorenwerk getarnt im Wald bei Eisenach.
Thüringer Allgemeine vom 24.10.2015.

Stadt Eisenach: „Ernst Abbe". URL: https://www.
eisenach.de/leben/geschichte/persoenlichkeiten/
ernst-abbe/. Abgerufen am 16.01.2019.

Dies.: Tag des offenen Denkmals 2010. URL: http://
archive.li/mxKLj. Abgerufen am 18.12.2018.

Steffen, E.: „Das Goldene ‚M' im Mariental erstrahlt
wieder in einem warmen, glänzenden Gold". URL:
https://www.eisenachonline.de/kultur/das-goldene-
m-im-mariental-erstrahlt-wieder-in-einem-
warmen-glaenzenden-gold-79900. Abgerufen am
07.12.2018.

Steinfeld, Adelheid: „Maria Pawlowna,
Großherzogin von Sachsen-Weimar". URL: http://
www.fembio.org/biographie.php/frau/biographie/
maria-pawlowna-grossherzogin-von-sachsen-
weimar. Abgerufen am 07.12.2018.

Storch, Johann Wilhelm: Topographisch-
historische Beschreibung der Stadt Eisenach, so wie
der sie umgebenden Berge und Lustschlösser,
insbesondere der Wartburg und Wilhelmsthal,

nebst Regenten-Geschichte. Eisenach 1834, S. 145 f., 311 ff., 401 ff.

Stutte, Harald: „Vor hundert Jahren entdeckten die deutschen Kolonialherren in Namibias Wüste Diamanten. Der Boom war nicht von Dauer. Aufstieg und Fall der Stadt Kolmannskuppe". URL: https://www.berliner-zeitung.de/vor-hundert-jahren-entdeckten-die-deutschen-kolonialherren-in-namibias-wueste-diamanten--der-boom-war-nicht-von-dauer-aufstieg-und-fall-der-stadt-kolmannskuppe-15886234. Abgerufen am 28.01.2019.

Thüringer Allgemeine: „Erinnerungen an die Waldbühne unter der Wartburg". URL: https://eisenach.thueringer-allgemeine.de/web/eisenach/startseite/detail/-/specific/Erinnerungen-an-die-Waldbuehne-unter-der-Wartburg-980129282. Abgerufen am 23.01.2019.

Tomasek, Tomas: „Überlegungen zu Walthers ‚Atze-Sprüchen'". In: Lingua Germanica: Studien zur deutschen Philologie; Jochen Splett zum 60. Geburtstag. Münster/New York 1998, S. 333-341.

Uhland, Ludwig: Walter von der Vogelweide, Kapitel 3. Stuttgart/Tübingen 1822. URL: http://gutenberg.spiegel.de/buch/walther-von-der-vogelweide-8558/3. Abgerufen am 02.02.2019.

Voigt, Johann Carl Wilhelm: Mineralogische Reisen durch das Herzogthum Weimar und Eisenach und einige angränzende Gegenden, in Briefen. Zweiter Theil. Weimar 1785, S. 55-64.

Voss, Georg: „Grossherzogthum Sachsen-Weimar-Eisenach. Amtsgerichtsbezirk Eisenach. Die Stadt Eisenach". In: Bau- und Kunst-Denkmäler Thüringens, Heft 39. Jena 1815, S. 188 ff., 226.
Vulpius, Christian August: Curiositäten der physisch-literarisch-artistisch-historischen Vor- und Mitwelt; zur angenehmen Unterhaltung für gebildete Leser, Band 8. Weimar 1820, S. 469-472.

Wandelhalle Eisenach Stiftung: „Geschichte". URL: http://www.wandelhalle-eisenach.de/scripts/angebote/1206.html, Abgerufen am 21.02.2019.

Weber, Johann Jakob (Hrsg.): „Helene, Prinzessin von Mecklenburg, verwittwete Herzogin von Orleans". In: Illustrirte Zeitung, Nr. 1. Leipzig, 1. Juli 1843, S. 2-4.

Weis, Eberhard: Der Durchbruch des Bürgertums 1776-1847. Propyläen Geschichte Europas, Bd.4. Berlin 1992, S. 371 f.

Wien, Michael: „Der Rüsselsheimer Atomphysiker

Klaus Fuchs: Verräter oder Mann mit Charakter?" URL: https://www.main-spitze.de/lokales/kreis-gross-gerau/ruesselsheim/der-russelsheimer-atomphysiker-klaus-fuchs-verrater-oder-mann-mit-charakter_17213850#. Abgerufen am 15.01.2019.

Wikipedia: „Christian Franz Paullini". URL: https://de.wikipedia.org/wiki/Christian_Franz_Paullini. Abgerufen am 06.12.2018.

Wuggazer, Klaus: „Ernst Abbe sitzt jetzt auf dem Theaterplatz in Eisenach". In: Thüringer Allgemeine vom 05.06.2015.

Zappe, Alfred: „Systematik der Steinmetzzeichen im Mittelalter". In: Zeitschrift für Burgenforschung und Denkmalpflege, Band 6, Nummer 1. Braubach 1965, S. 17-20.

Zeller, Markus: die Relevanz der Gastronomie als Instrument der Markenkommunikation. Wiesbaden 2009, S. 61.

Bildnachweis

S. 25 Udo Schröter
S. 44 Helga Stange

Haftungsausschluss

Trotz intensiven Austauschs mit unseren Gesprächspartnern, gewissenhafter Literaturrecherche und aufmerksamem Korrekturlesen erheben wir weder einen Anspruch auf Vollständigkeit noch auf Fehlerlosigkeit. Wir haben streng darauf geachtet, keine Urheberrechte zu verletzen, unsere Recherchen sind nach bestem Wissen und Gewissen erfolgt. Dennoch übernehmen wir keinerlei Gewähr für die Aktualität, Korrektheit oder Vollständigkeit der bereitgestellten Informationen. Haftungsansprüche gegen uns schließen wir grundsätzlich aus.

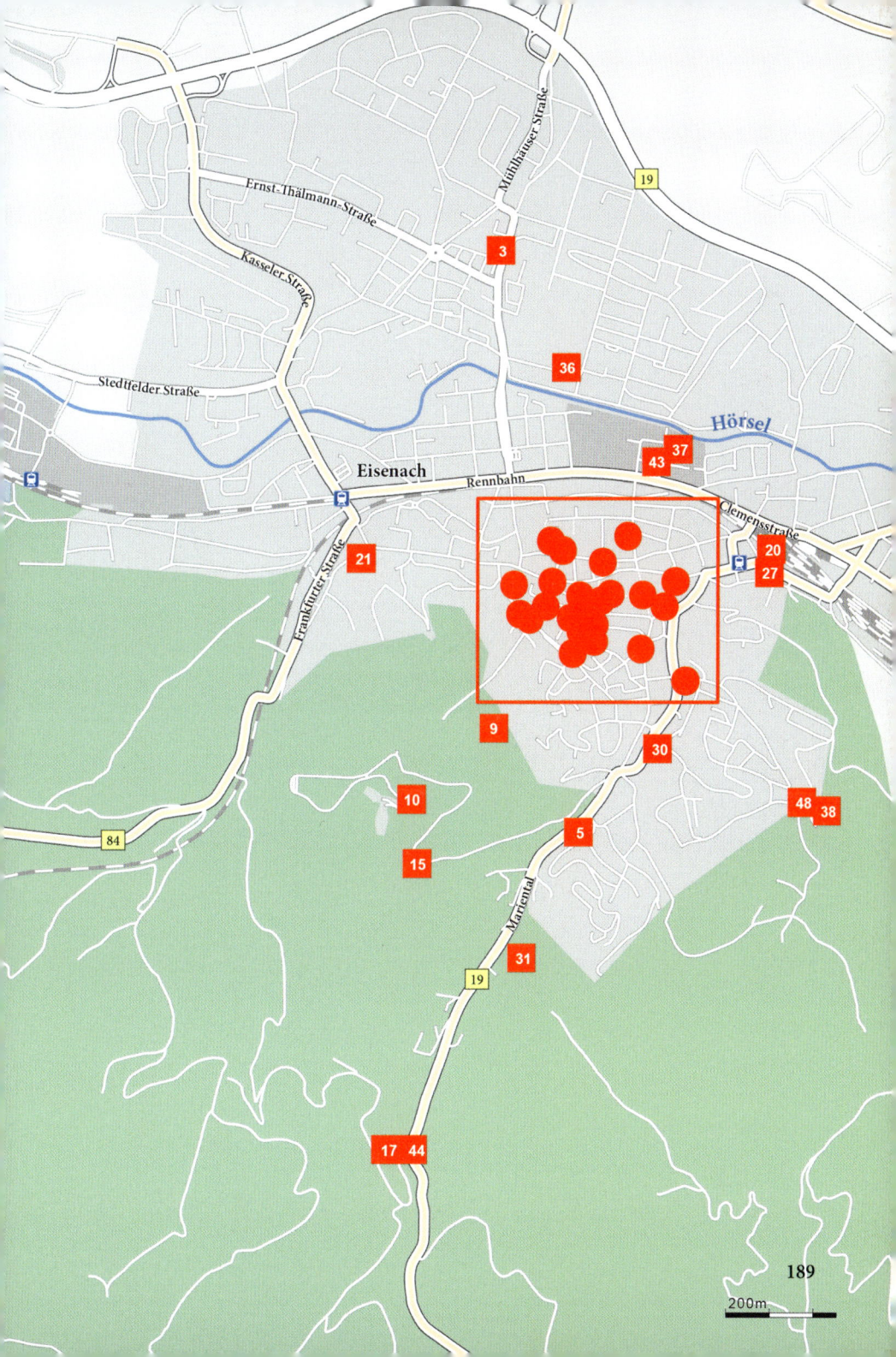

Ernst-Thälmann-Straße

Mühlhäuser Straße

19

Kasseler Straße

3

36

Stedtfelder Straße

Hörsel

Eisenach

43 37

Rennbahn

Clemensstraße

20
27

Frankfurter Straße

21

9

30

10

48 38

84

5

15

Mariental

31

19

17 44

189

200m

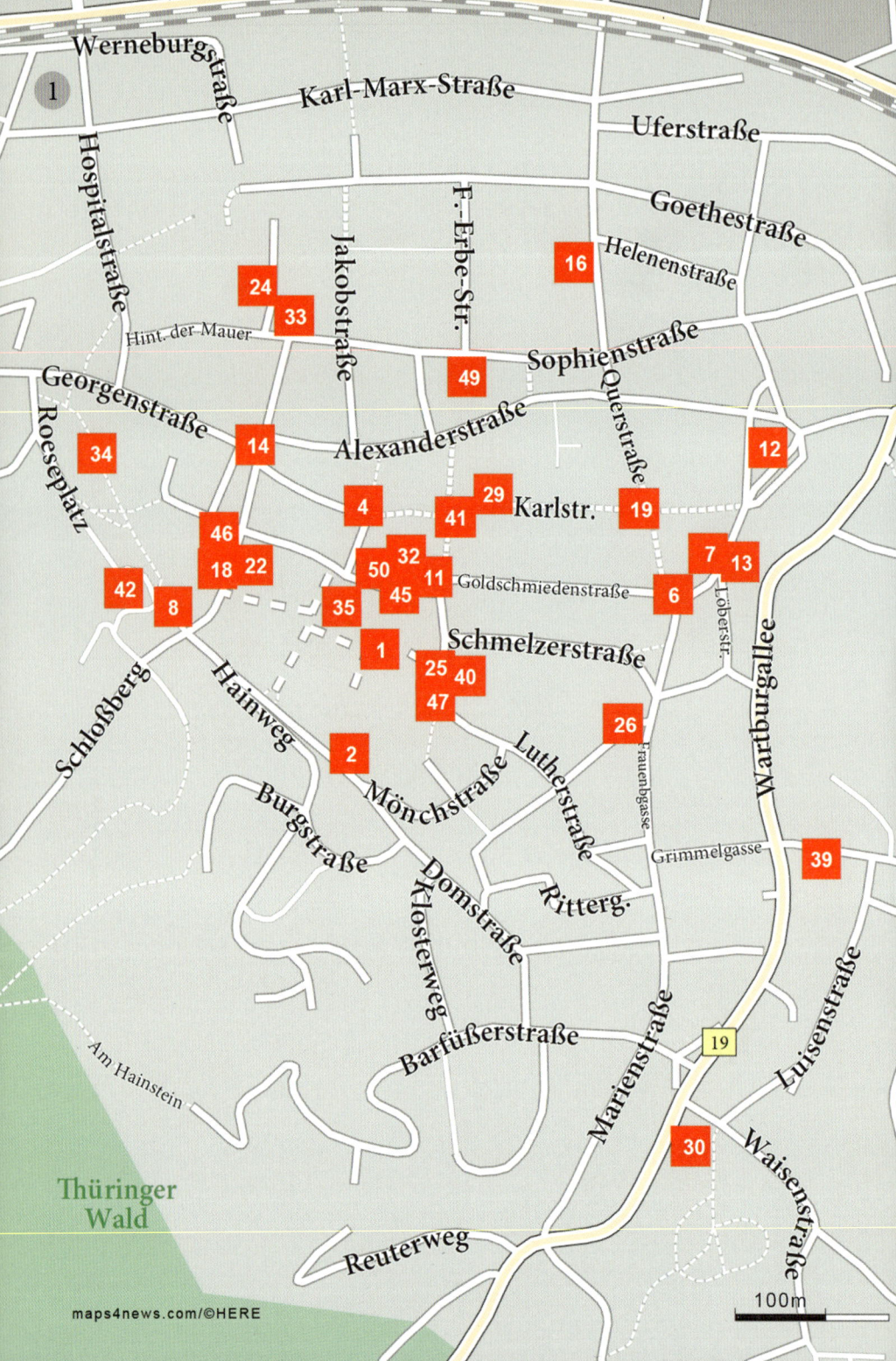

1

Werneburgstraße

Karl-Marx-Straße

Uferstraße

Goethestraße

Hospitalstraße

F.-Erbe-Str.

24

33

Jakobstraße

Hint. der Mauer

16

Helenenstraße

49

Sophienstraße

Georgenstraße

Alexanderstraße

Querstraße

12

Roeseplatz

34

14

4

29

Karlstr.

19

41

46

18

22

50

32

11

Goldschmiedenstraße

7

13

6

Löbersstr.

42

8

35

45

Schmelzerstraße

1

Schloßberg

Hainweg

25

40

47

Lutherstraße

26

Wartburgallee

2

Mönchstraße

Frauenbgasse

Grimmelgasse

39

Burgstraße

Klosterweg

Domstraße

Ritterg.

Barfüßerstraße

Marienstraße

19

Luisenstraße

Am Hainstein

30

Waisenstraße

Thüringer
Wald

Reuterweg

maps4news.com/©HERE

100m